浙江师范大学马克思主义理论研究文库

网络空间社会主义核心价值观认同机制建设研究

郑海祥◎著

中国社会科学出版社

图书在版编目（CIP）数据

网络空间社会主义核心价值观认同机制建设研究／郑海祥著．—北京：中国社会科学出版社，2021.9

（浙江师范大学马克思主义理论研究文库）

ISBN 978 – 7 – 5203 – 9186 – 3

Ⅰ.①网⋯ Ⅱ.①郑⋯ Ⅲ.①社会主义核心价值观—研究—中国 Ⅳ.①D616

中国版本图书馆 CIP 数据核字（2021）第 187617 号

出 版 人	赵剑英	
责任编辑	喻　苗	
责任校对	胡新芳	
责任印制	王　超	

出　　版	中国社会科学出版社	
社　　址	北京鼓楼西大街甲 158 号	
邮　　编	100720	
网　　址	http://www.csspw.cn	
发 行 部	010 – 84083685	
门 市 部	010 – 84029450	
经　　销	新华书店及其他书店	

印　　刷	北京明恒达印务有限公司
装　　订	廊坊市广阳区广增装订厂
版　　次	2021 年 9 月第 1 版
印　　次	2021 年 9 月第 1 次印刷

开　　本	710 × 1000　1/16
印　　张	12.5
字　　数	201 千字
定　　价	69.00 元

凡购买中国社会科学出版社图书,如有质量问题请与本社营销中心联系调换
电话:010 – 84083683

总　序

　　自《共产党宣言》发表以来，马克思主义在世界上得到了广泛传播。在人类思想史上，没有一种思想理论像马克思主义那样对人类产生了如此广泛而深刻的影响。这种影响不但是世界的，更是中国的；不但是过去的，更是未来的；不但是思想意识的，更是社会实践的。

　　马克思主义是科学的世界观和方法论，创造性地揭示了人类社会发展的规律，第一次创立了人民实现自身解放的思想理论体系，指引着人民认识世界和改造世界的行动，并始终具有巨大的开放性和包容性，具有无比强大的生命力。

　　一百年前，十月革命一声炮响，给中国送来了马克思主义。中国先进分子从马克思主义的科学真理中看到了解决中国问题的出路，找到了建设强大中国的根本方法。在近代以后中国社会的剧烈变化中，在中国人民反抗封建统治和外来侵略的激烈斗争中，在马克思主义同中国工人运动的结合过程中，一九二一年中国共产党应运而生。从此，中国人民谋求民族独立、人民解放和国家富强、人民幸福的斗争就有了主心骨，中国人民就从精神上由被动转为主动，有了照亮前行的灯塔。

　　无数事实证明，马克思主义的命运早已同中国共产党的命运、中国人民的命运、中华民族的命运紧紧连在一起，它的科学性和真理性在中国得到了充分检验，它的人民性和实践性在中国得到了充分贯彻，它的开放性和时代性在中国得到了充分彰显。马克思主义为中国革命、建设、改革提供了强大思想武器，使中国这个古老的东方大国创造了人类历史上前所未有的发展奇迹。"历史和人民选择马克思主义是完全正确的，中国共产党把马克思主义写在自己的旗帜上是完全正确的，坚持马克思主义基本原理同中国具体实际相结合、不断推进马克思主义中国化时代化是完全正确的"。

理论的生命力在于不断创新，推动马克思主义不断发展是中国共产党人的神圣职责。我们要坚持用马克思主义观察时代、解读时代、引领时代，用鲜活丰富的当代中国实践来推动马克思主义发展，用宽广视野吸收人类创造的一切优秀文明成果，坚持在改革中守正出新、不断超越自己，在开放中博采众长、不断完善自己，不断深化对共产党执政规律、社会主义建设规律、人类社会发展规律的认识，不断开辟当代中国马克思主义新境界，这是习近平新时代中国特色社会主义思想。习近平新时代中国特色社会主义思想，是对马克思列宁主义、毛泽东思想、邓小平理论、"三个代表"重要思想、科学发展观的继承和发展，是马克思主义中国化最新成果，是党和人民实践经验和集体智慧的结晶，是中国特色社会主义理论体系的重要组成部分，是全党全国人民为实现中华民族伟大复兴而奋斗的行动指南，我们必须长期坚持并不断发展。

研究马克思主义理论，就是要坚持马克思主义指导地位，不断推进实践基础上的理论创新。改革开放40年的实践启示我们，创新是改革开放的生命。实践发展永无止境，解放思想永无止境。我们坚持理论联系实际，及时回答时代之问、人民之问，廓清困扰和束缚实践发展的思想迷雾，不断推进马克思主义中国化时代化大众化，不断开辟马克思主义发展新境界。

研究马克思主义理论，就是要坚持与中国特色社会主义事业相结合，解决好中国问题。我们要强化问题意识、时代意识、战略意识，用深邃的历史眼光、宽广的国际视野把握事物发展的本质和内在联系，反映时代精神、回答时代课题、引领时代潮流、推动时代发展，把握好中国特色社会主义伟大实践的基本规律，把握当代中国的基本国情，把握好中国在世界格局中的地位，把握好实现民族复兴强国梦的根本目标，让马克思主义在中国放射出更加灿烂的真理光芒。

研究马克思主义理论，就是学精悟透用好马克思主义，解决好学什么、如何学的问题。学习马克思主义不是仅仅学习马克思的思想，而必须整体性地学习、历史性地学习。立足新时代中国特色社会主义实践，要更加突出地学习习近平新时代中国特色社会主义思想。同时，要坚持自觉学、深入学、持久学、刻苦学，把读马克思主义经典、悟马克思主义原理当作一种生活习惯、当作一种精神追求，用经典涵养正气、淬炼思想、升华境界、指导实践。

浙江师范大学马克思主义理论学科历史悠久，特色明显，成果突出，影响广泛。1963 年成立的马克思主义理论教研室，1977 年创办政史系，1987 年成立马克思主义理论教研部，1999 年成立社会科学教研部，2011 年在整合原有资源基础上，学校组建马克思主义学院，2017 年被确定为省重点建设高校马克思主义学院，2018 年与金华市委宣传部共建马克思主义学院。目前马克思主义理论学科为省一流 A 类学科、浙江省重点高校重点建设学科、浙江师范大学高峰学科，已形成马克思主义基本原理、马克思主义中国化研究、思想政治教育、国外马克思主义研究、中国近现代史五个研究方向，在 2012 年教育部学科评估中，马克思主义理论学科综合实力位居浙江省属高校第 1，其中科学研究水平位居全国第 5。在艾瑞森中国校友会网 2016 年中国大学学科排行榜上获评五星级学科，在全国该学科中排名为 14/332，在 2017 年全国第四轮学科评估中获 B，位列省属高校第一。

组织出版《浙江师范大学马克思主义理论研究文库》，旨在整体呈现浙江师范大学长期以来特别是党的十八大以来马克思主义理论研究的成果，分"马克思主义基本理论"、"马克思主义中国化在浙江"、"伦理学与思想政治教育"、"国外马克思主义"、"中国近代史基本问题"等研究系列，体现原创性与时代性，体现学科特色与地方特色，体现科研与教学的高度融合，以实现"引人以大道、启人以大智、育人以大才"之目标。

"夫学术者，天下之公器"。《浙江师范大学马克思主义理论研究文库》的出版，期待来自理论界的关注与关心、来自学术界的批评与讨论！

是为序！

李建华

2019 年 2 月 16 日

目　　录

导　　论

第一节　选题的缘由和意义

一　选题的缘由

全球化和信息化是当今世界的潮流，而且全球化借助于信息化不断向纵深发展。其中，互联网发挥着至关重要的作用。也因此，人们的日常生活与互联网的关系越来越密切。在这样的背景下，包含于全球化内容的文化多样化、价值多元化借助于互联网对人们的心理产生了重大影响。其最直接的表现就是，西方的生活方式、价值观念、消费模式通过互联网以各种方式向中国渗透，以至于动摇了人们的价值观念，消解了人们对核心价值观的认同。这很大程度上说明，网络环境下我们的主流价值观念有被边缘化的趋势。在这种情况下，如何在网络空间大力弘扬主旋律，凝聚主流价值认同共识，守住人们的价值认同"红线"，就成为一个亟待解决的问题。而社会主义核心价值观是当代中国人的价值内核、精神支柱和行动向导，具有凝神聚气、强基固本的作用。它深刻回答了"建设什么样的国家、建设什么样的社会、培育什么样的公民"[①]的重大问题，凝聚着全体人民共同的价值追求。同时，习近平总书记强调，要把培育和践行社会主义核心价值观作为一项根本任务抓好，并将其作为核心内容来引领网上舆论，从而净化网络空间，弘扬主旋律，激

[①]　中共中央宣传部：《习近平新时代中国特色社会主义思想三十讲》，学习出版社 2018 年版，第 197 页。

发正能量，凝聚主流价值的认同共识，并转化为人们的情感认同和行为习惯，营造风清气正的网络空间。可见，加强网络空间社会主义核心价值观认同机制问题的研究显得非常重要。

二　选题的意义

第一，理论价值。本书将从理论角度揭示网络发展与社会主义核心价值观认同机制建设的内在联系，并运用马克思主义哲学的相关理论，在对网络空间社会主义核心价值观认同问题研究中，通过对认同主体、客体和介体的分析，构建立体化的价值认同机制。这有利于人们对网络环境条件下社会主义核心价值观认同机制问题的理解从表层上升到本质层面。

第二，应用价值。本书有利于相关决策部门深刻认识和把握网络发展对社会主义核心价值观认同机制建设带来的机遇和挑战，从而增强决策的科学性和针对性；本书提出的关于网络空间社会主义核心价值观认同机制的立体化模型，和解决这一问题的基本思路、具体措施，可以为相关部门政策制定提供一定的经验支撑与理论基础；本书的研究内容有利于推进国家网络安全建设，扩大社会主义核心价值观的吸引力、感召力和凝聚力，也有利于中国共产党牢牢掌握意识形态工作的主动权和领导权。

第二节　国内外研究现状

从 2006 年提出"社会主义核心价值观"概念至 2012 年党的十八大召开期间，学术界、社会领域和政府层面主要致力于解决凝练社会主义核心价值观的原则、方法和内容等问题。党的十八大对社会主义核心价值观内容做出指向性概括之后，学术界转向了对社会主义核心价值观认同基本理论与具体问题的研究。但网络空间社会主义核心价值观认同机制问题尚未引起研究者的广泛关注，而且现有的研究成果较少。这与当前我国文化与社会领域的发展状况以及国家发展要求显得不相适应。

一　国内相关研究成果

关于社会主义核心价值观认同的问题是近年来学术界研究的热点，发表了相关著作和大量学术文章。其中，代表性学术著作包括：张齐武著《社会主义核心价值观大众认同的理论与实践》（2018）、郭维平著《社会主义核心价值观生成与认同研究》（2016）、郑爱龙著《网络社会与社会主义核心价值观认同》（2016）、王凤祥著《中国梦视域下社会主义核心价值观认同教育研究》（2016）、吕开东等著《大学生社会主义核心价值观认同教育》（2019）、张永著《自媒体时代大学生社会主义核心价值观的认同和培育研究》（2018）、万资姿著《当代大学生社会主义核心价值观认同与培育研究》（2018）、吴晨著《当代大学生对社会主义核心价值观的认同机制与践行路径研究》（2017）、任培秦等著《大学生社会主义核心价值观认同度研究》（2014）等。概括来讲，国内学者关于该问题的研究主要集中在以下方面：

（一）关于社会主义核心价值观认同基础理论与实践问题的研究

第一，界定了社会主义核心价值观认同的内涵，明确说明了社会主义核心价值观认同的内容。"认同"一词出现在心理学、社会学、社会心理学、文化人类学、哲学等多个学科理论体系中，并逐渐形成了各自特定的学科内涵。国内学者主要从心理学和社会学的角度界定价值观认同的内涵，认为"价值观认同是一个为实现特定的价值观念而展开的系统工程。它是一定社会主体对一定价值观的认同，包含着过程和结果、广度和深度、思想和行为等的综合体系"①。在这样的认识基础上，有学者将社会主义核心价值观认同的内涵概括为："个体将科学思想理论体系转化为日常生活的意识、观念与语言的动态认知与内化过程，是社会主义核心价值观、思想政治教育者、教育对象、教育载体和教育方式等基本要素的有机匹配与相互作用，也是社会成员接受社会主义核心价值观思想，进而在社会实践中将其思想精髓逐步转化为个体核心价值观并

①　郑爱龙：《网络社会与社会主义核心价值观认同》，安徽师范大学出版社2016年版，第114页。

不断固化的过程。"① 其内容或心理机制包括认知认同、情感认同和行为认同。②

第二，关于特定群体社会主义核心价值观认同问题的研究。从本质内容和实践过程来看，社会主义核心价值观认同最重要的就是解决好广大人民群众对社会主义核心价值观的赞同、接受，并内化为自身价值准则和行为规范。对此，学者们对不同群体的价值认同主体对社会主义核心价值观认同问题进行了深入研究。这些群体包括普通群众（农民、农民工、新生代农民工、社会成人群体、少数民族地区群众）、基层党员干部、高学历群体、新的社会阶层人士、青少年（大学生、大学生党员、少数民族学生、高中生、小学生、内地港澳台学生、90 后或 95 后大学生等）、高校教师和辅导员、在外留学的学生等。

第三，重视特定因素作用，探寻完善社会主义核心价值观认同的具体路径。其主要内容包括，一是中华优秀传统文化是社会主义核心价值观的生发基础，也是社会主义核心价值观落细、落小、落实的重要切入点，是培育大学生社会主义核心价值观认同的重要途径。③ 二是红色文化能增进社会主义核心价值观认知、情感和行为认同。从内涵来说，红色文化与社会主义核心价值观在文化方位、精神实质、价值蕴含上同质同构，能提供认知社会主义核心价值观的参照，增进认知认同；就基因而言，红色文化与社会主义核心价值观在文化根脉、理论根源、实践根基上同根同源，能产生内化社会主义核心价值观的共鸣，增进情感认同；以价值而论，红色文化与社会主义核心价值观在实践价值、文化价值、时代价值上同向同行，能夯实自觉践行社会主义核心价值观的基础，增进行为认同。④ 三是拥有深厚群众认知基础的榜样文化不仅是阐释社会主义核心价值观内涵的独特文化样态，更是一种重要的实践诠释

---

① 刘新庚、刘峥：《社会主义核心价值观认同的动力要素与过程机制探索》，《中南大学学报》（社会科学版）2012 年第 3 期。

② 尹滔：《社会主义核心价值观认同的内涵、层面及维度》，《科学导刊》2016 年第 4 期。

③ 焦连志、黄一玲：《以中华优秀传统文化培育大学生社会主义核心价值观认同路径探析》，《山西高等学校社会科学学报》2015 年第 8 期。

④ 黄蓉生、石海君：《论红色文化增进社会主义核心价值观认同之内在逻辑》，《高校辅导员》2018 年第 6 期。

形态，弘扬榜样文化可以有效提升大众对国家层面的价值目标认同、社会层面的价值取向认同以及公民层面的价值准则认同。①

　　第四，从特定视角或背景对社会主义核心价值观认同问题进行研究。一是，随着互联网的发展和新的传播载体的出现，信息的传播方式发生了巨大变化，为社会主义核心价值观认同问题带来机遇，也形成挑战。为此，有学者从传播学的角度指出：传播者（信源）、受传者（信宿）、讯息（编码和解码）、媒介（信道）及反馈构成了一个完整的传播过程，而有效的传播是促使人们对社会主义核心价值观产生认同的关键。② 针对新媒体（包括自媒体）、微文化发展对社会主义核心价值观认同问题的影响，要从严格管理制度、规范媒体行为、提高民众媒介素养等方面，发挥核心价值引领多元思潮，提升主流价值话语影响力，加强网络治理和监管，注重道德教化和传统文化的教育作用，以此增强人们对社会主义核心价值观的认同。③ 二是，从角色亚文化的角度指出，人们的性别、年龄和职业构筑了形形色色的社会角色，孕育了不同类型的角色亚文化，并在此基础上塑造了次级价值体系，而这些次级价值体系给社会主义核心价值观的认同带来了不利影响，必须通过增强制度化、凸显正义性和推进同质化，构建社会主义核心价值观认同的路径。④ 三是，从利益需求的角度指出，利益需求是核心价值观认同的基础，核心价值观认同引领着利益需求，因而增强大学生社会主义核心价值观认同过程中，必须深刻认识利益需求与价值观认同的关系，用社会主义核心价值观引领大学生的利益需求，高度关注并满足大学生合理的物质利益

---

① 霍垒杰、王立荣：《榜样文化视角下社会主义核心价值观认同路径研究》，《重庆城市职业管理学院学报》2018 年第 3 期。

② 邓军彪、秦晴：《传播学视域下大学生社会主义核心价值观认同研究》，《学校党建与思想教育》2018 年第 20 期。

③ 黄成华：《新媒体时代社会主义核心价值观认同研究》，《内蒙古师范大学学报》（教育科学版）2016 年第 12 期；唐平秋：《微文化背景下大学生社会主义核心价值观认同危机及治理路径》，《探索》2015 年第 1 期。

④ 沙莎、张伟：《角色亚文化视角下社会主义核心价值观认同的路径选择》，《河南师范大学学报》（哲学社会科学版）2016 年第 3 期。

需求、精神利益需求和个人全面发展的利益需求。①

（二）关于网络环境下社会主义核心价值观认同问题的研究

学者们对互联网迅速发展背景下加强社会主义核心价值观认同的现实价值进行了说明，揭示了网络环境下网络文化、网络亚文化对人们的政治信仰、价值观念、道德观念产生的消极影响。因此强调，必须创建传播社会主义核心价值观的网络平台，变革传统主流媒体的话语宣传模式为语言传播与非语言传播相结合的方法；将社会主义核心价值观的主旨精髓、价值规范和实践诉求以具体的行为准则或道德、法律规范之形式融入到各项政策和规章制度的制定中；创新传播社会主义核心价值观的网络辐射载体；加强网络监管力度，营造和谐的网络文化环境。②

（三）关于社会主义核心价值观认同机制问题的研究

这类研究成果涉及的具体内容包括，一是，从本质层面指出，社会主义核心价值观认同机制经历从理性到信仰的思维过程：经验感知是社会主义核心价值观认同的始基，理性认知是社会主义核心价值观认同的升华，情感认同是社会主义核心价值观认同的过渡，终极信仰是社会主义核心价值观认同的归结。③ 对此，应当通过强化认知认同、优化情感认同、深化理性认同、活化行为认同，构建社会主义核心价值观认同机制。④ 二是，从实践层面指出，要从认同主体、介体、层级（责任主体）三个方面，"积极构建科学有效的社会主义核心价值观认同机制，具体包括利益协调、教育仪式、传播同化、榜样示范以及制度保障等多样化机制"⑤。

① 陈卓、谢安国：《利益需求视角下提升大学生社会主义核心价值观认同对策》，《长安大学学报》（社会科学版）2018 年第 4 期。

② 张元、丁三青、李晓宁：《网络环境下社会主义核心价值观认同的实践路径》，《科学社会主义》2014 年第 4 期。

③ 钱雄、甘永宗：《从理性到信仰：社会主义核心价值观认同机制研究》，《广西社会科学》2016年第 11 期。

④ 刘镇江、刘振中、李晓衡：《新媒体时代社会主义核心价值观认同机制探讨》，《思想理论教育导刊》2017 年第 1 期。

⑤ 李大棚：《社会主义核心价值观认同机制的多维构建》，《中共云南省委党校学报》2015 年第 1 期。

二　国外相关研究成果

社会主义核心价值观认同机制问题是国内学术界研究的重点，而国外学者少有对此问题进行直接研究。国外学者的研究主要集中在价值认同理论和国家核心价值观建设的实践方面。

第一，关于价值认同的理论研究。国外学者起初从哲学和心理学的角度入手，探讨了"认同"的内涵，接着从政治学和社会学的角度入手将认同或社会认同作为主要内容，从过程性视角进行了深入研究。国外学者这些研究成果集中探讨了认同的内容、根源和过程。第二，关于国家核心价值观建设的实践研究。西方先进国家在核心价值观建设实践方面积累了丰富的经验，如美国、英国、新加坡等国，通过创新价值观教育模式，发挥家庭和主流媒体作用，加强价值观教育的法治保障，以此来加强本国核心价值观建设，增强广大民众对本国核心价值观的认同感。国外学者关于价值认同理论和国家核心价值观建设方面的探索，可以为本书的深入开展提供理论基础和经验借鉴。

上述研究为本书提供了很好的研究基础，使本书能在较高起点上展开，当然还存在一些问题，有待深入。第一，关于社会主义核心价值观认同机制建设的理论问题还不深入，只停留在静态研究的层面，没有从动态的过程入手构建社会主义核心价值观认同机制的理论模型。第二，没有从理论层面阐明网络发展与社会主义核心价值观认同机制的内在关系。第三，没有从国家长远发展的角度说明在网络空间构建社会主义核心价值观认同机制的战略意义。第四，没有明确界定网络空间社会主义核心价值观认同的主体、介体。第五，对网络空间（网络环境下）社会主义核心价值观认同机制的构建只停留在宏观架构的设计上，具体措施很少涉及，即使有涉及，也显得比较空泛。本书希望通过对网络环境条件下社会主义核心价值观认同机制问题的研究，弥补这一领域研究的不足之处。

第三节 研究的重点、难点及创新之处

一 研究的重点

从理论层面阐明网络发展与社会主义核心价值观认同机制的内在关系，以此为基础，根据相关理论构建立体化价值认同机制的理论模型；在社会调查的基础上，分析说明网络发展对青少年社会主义核心价值观认同问题的具体影响；在网络空间社会主义核心价值观认同客体机制构建部分，就重新凝练社会主义核心价值观的基本原则给出自己的见解；对构建网络空间社会主义核心价值观认同主体、客体、介体机制的具体措施进行详细说明。

二 研究的难点问题

从新的研究视角出发，将"机制"引入网络空间社会主义核心价值观认同问题的研究中，需要对相关的基础理论进行深入系统的研究；从宏观上抽象概括在网络空间构建社会主义核心价值观认同机制的基本原则与方法，需要按照哲学式的逻辑思维从纷繁的现象中总结概括具体规律，是一个挑战；在实际操作层面，构建网络空间社会主义核心价值观认同机制，涉及多个学科、多方面的知识，需要跨学科的研究者进行有效的合作研究。

三 研究的创新之处

第一，通过对基础理论的梳理和深化研究，进一步揭示社会主义核心价值观认同机制的内涵，阐明网络发展与社会主义核心价值观认同机制的内在关系，进而构建网络空间社会主义核心价值观认同机制的理论模型，从而深化对社会主义核心价值观认同问题的基础研究。

第二，通过一定规模的社会调查，以及对大量最新现实资料的分析，了解网络发展对社会主义核心价值观认同的具体影响，并以此为基础说明网络环境下大众对社会主义核心价值观认同的基本规律。

第三，通过本书的研究，从宏观与微观两个层面对网络空间社会主

义核心价值观认同的主体机制、客体机制、介体机制进行详细说明，为相关部门提供政策咨询服务，从而使习近平总书记提出的关于"培育和践行社会主义核心价值观"的工作部署在网络空间得到落实。以此扩大社会主义核心价值观在大众中的传播，增强大众对社会主义核心价值观的认同感，进而将其内化为心理标准，转化为实际行动。

第四节　研究思路和方法

一　研究思路

本书以习近平新时代中国特色社会主义思想为指导，总体按照"科学理论指导→调查研究→现实重点难点分析→具体路径探究"为基本研究线索，对网络空间社会主义核心价值观认同机制问题进行综合研究。第一，科学理论指导。在分析网络发展与社会主义核心价值观认同机制内在关系基础上，得出本书研究的落脚点。以此为基础，用马克思主义关于价值的基础理论，对价值认同的主体、客体和介体进行深入研究和阐述，构建网络空间社会主义核心价值观认同机制的理论模型。第二，调查研究。通过一定规模的社会调查和文献研究，了解网络环境下社会主义核心价值观认同现状。第三，现实重点难点问题分析。以获得的资料为基础，分析网络发展对网络空间社会主义核心价值观认同机制建设的影响，总结概括构建网络空间社会主义核心价值观认同机制的战略意义、基本原则和方法。第四，具体路径探究。按照研究得出的理论模型，再结合相关理论，从宏观与微观两个层面提出构建网络空间社会主义核心价值观认同主体机制、客体机制和介体机制的措施和建议，从而为相关部门解决此类实践问题提供一定的理论支撑与经验借鉴。

二　研究方法

第一，坚持运用马克思主义基本理论，并结合国内外学者关于价值认同问题的理论研究成果，阐明网络发展与社会主义核心价值观认同机制的内在关系，揭示社会主义核心价值观认同机制的内在结构。

第二，实证研究方法。通过问卷调查法、访谈法，以及对相关文献资料的整理分析，说明网络发展对网络空间社会主义核心价值观认同机制建设的影响，并概括网络空间社会主义核心价值观认同机制建设的内在规律。这是本书的主要研究方法。

第三，案例分析方法。在说明网络空间社会主义核心价值观认同主体机制、客体机制和介体机制建设问题时，运用实践中的典型案例进行佐证。

第四，多学科综合研究方法。网络空间社会主义核心价值观认同机制建设是一个跨学科、多视角的问题。本书将综合运用思想政治教育、心理学、政治学、传播学、社会学、文化人类学、哲学、法学等相关学科的知识对构建网络空间社会主义核心价值观认同机制的具体措施进行详细说明。

第五节　研究内容

一　网络发展与社会主义核心价值观认同机制

互联网在中国发展经历了起步探索、空前活跃、成熟发展并继续升级的发展阶段，且在此过程中实现了广泛应用。如今，互联网已经渗透到人们生活的方方面面，深刻改变着人们的生活方式。也因此，形成了人类的第二生存空间——网络空间。网络空间具有虚拟性、多元化与"去中心化"、开放性、平等性的特点。社会主义核心价值观是在马克思主义价值理论指导下形成的。培育和践行社会主义核心价值观的本质是实现广大民众对社会主义核心价值观的认同，而社会主义核心价值观认同机制是价值认同完整实现的保障。当前，网络环境是培育和践行社会主义核心价值观面临的新境遇，这样就使网络发展与社会主义核心价值观认同机制产生了联系。网络发展与社会主义核心价值观认同机制的内在关系集中表现为，网络空间价值共识的凝聚要求构建社会主义核心价值观认同机制，而构建社会主义核心价值观认同机制是凝聚网络空间价值共识的基础工程。所以，本书研究的落脚点就是：在网络空间构建社会主义核心价值观认同机制。网络空间社会主义核心价值观认同机制是在网络空间使认同主体与认同客体之间满足与被满足关系达到理想状态和目标的具体实现机制。具体来讲，网络空间社会主义核心价值观的认同机制包括认同主体机制、认同客体机制、认同介体机制。

二　网络空间社会主义核心价值观认同机制建设面临的机遇和挑战

网络空间社会主义核心价值观认同机制建设是一项全新的工程，必须对这项工程的网络化境遇进行全面、深刻的分析。总体而言，互联网是一把"双刃剑"。它的发展为网络空间社会主义核心价值观认同机制建设提供了新机遇，也提出了严峻挑战。新机遇表现为，网络发展有助于提高人们对社会主义核心价值观的认同；开放性的交流环境有利于不同文化的交流与合作，显示中国特色社会主义文化的优越性；网络发展有利于增强社会主义核心价值观的辐射力和影响力，促进社会主义核心价值观的创新发展；网络发展能够为社会主义核心价值观认同机制建设提供技术支持。严峻挑战表现为，网络发展对青少年社会主义核心价值观认同产生了负面影响；文化多样性和价值多元化环境造成了文化认同的模糊；文化交流的开放性对社会主义意识形态治理能力提出严峻挑战；网络的虚拟性便利了文化帝国主义对社会主义核心价值观的侵袭。

三　网络空间社会主义核心价值观认同机制建设的战略意义、基本原则和方法

随着科学技术的发展，人们已经置身互联网时代。鉴于此，我们应该以积极的态度，迎接现代网络技术发展对社会主义核心价值观认同机制建设提供的机遇和形成的冲击，从国家治理体系和治理能力现代化建设、社会主义文化强国建设、社会主义主流意识形态建设、新时代中国特色社会主义发展和构建网络空间命运共同体的角度，明确网络空间社会主义核心价值观认同机制建设的战略意义。在构建网络空间社会主义核心价值观认同机制的过程中，必须坚持四大原则，即坚持马克思主义根本指导与繁荣网络文化相结合、以人民为中心、指导思想一元与价值思想多元并存，以及创新精神。同时，还要灵活运用各种方法，具体内容包括借鉴近代以来国内外核心价值观认同的经验，将社会主义核心价值观融入网络空间日常生活和法制建设，以及发挥现代信息技术的支撑

作用。

四　网络空间社会主义核心价值观认同的主体机制

网络空间社会主义核心价值观认同的主体是广大网民。网民是指那些参与网络信息生产与传播活动，并呈现其网络活动的网络使用者群体或个人。当前，中国网民群体的规模比较大，而且在需求、心理和思维、行为方面体现出了典型特征。要以此认识为基础，从目标激励机制、评价表达机制、利益协调机制和示范引领与扩散传播机制四个方面着手构建网络空间社会主义核心价值观认同的主体机制。第一，关于目标激励机制，要激发网民实现自我超越，建立共同理想，引导网民树立正确的人生价值观，提高网民的思想道德水平。第二，关于评价表达机制，要多措并举，进一步完善网络参政议政措施，建立健全网络监督机制和优化网络政治生态，加强议题管理，防范网络群体性事件。第三，关于利益协调机制，要从原则上调整"效率与公平"的关系，完善利益分配的体制机制和利益补偿机制。第四，关于示范引领与扩散传播机制，要发挥党员领导网民群体的带头示范作用，发挥公务员网民群体的典型示范作用，发挥教师网民群体的引领辐射作用，发挥青少年学生网民群体学习主体和扩散传播的作用。

五　网络空间社会主义核心价值观认同的客体机制

网络空间社会主义核心价值观认同的客体是社会主义核心价值观。社会主义核心价值观的形成经历了一个长期过程。改革开放以来，中国共产党在探索建设社会主义核心价值观的过程中，经历了找到法宝、筑起平台、理论预热、正式提出四个阶段，并积累了一定经验，对当前具有借鉴意义。要以此认识为基础，从关系协调机制、目标导向机制、发展完善机制三个方面入手系统构建网络空间社会主义核心价值观认同的客体机制。第一，关于关系协调机制，要正确处理社会主义核心价值观与中国传统文化的关系，深刻反思社会主义国家建设核心价值观的惨痛历史教训，合理应对以"普世价值"、民主社会主义为代表的西方主流意识形态的挑战。第二，关于目标导向机制，要科学阐明社会主义核心价值观的经济、文化、政治和社会功能。第三，关于发展完善机制，要确立深度凝练社会主义核心价值观的基本原则，增强社会主义核心价值观话语表达的亲和力。

六　网络空间社会主义核心价值观认同的介体机制

网络空间社会主义核心价值观认同的介体是网络媒体。网络媒体属于一种新型媒体，其类型主要包括网站、网络论坛、博客、播客、网络"微"媒体等。它是当前信息传播的主流媒体，为增强网民对社会主义核心价值观的认同发挥着重要功能。构建网络空间社会主义核心价值观认同介体机制的根本任务就是促进网民对社会主义核心价值观从理性认知到行为认同过程的达成。要以此认识为基础，从宣传教育机制、传播同化机制、制度保障机制三个方面着手，构建网络空间社会主义核心价值观认同的介体机制。第一，关于宣传教育机制，要积极优化各类主题网站，有效运用微信公众号，有效整合媒体资源，优化网络媒体生态环境。第二，关于传播同化机制，要发挥知识分子和公众人物的模范作用，发挥模范先锋人物或典型人物的标杆作用。第三，关于制度保障机制，要将社会主义核心价值观融入网络空间政策和法律法规建设中，建立健全网络空间社会主义核心价值观认同的激励机制、反馈调节与评价机制。

当然，网络空间社会主义核心价值观认同机制的建设是一个重大现实问题，我们还要从动态的过程性视角出发，在实践中建立保证认同机制得以落实的长效机制。

第一章　网络发展与社会主义核心价值观认同机制

　　互联网的发展深刻改变了人们的生活方式，创造了人类的第二生存空间——网络空间。当前，网络空间已经成为舆论斗争的主战场，是社会主义意识形态建设的重要阵地。在网络空间大力培育和践行社会主义核心价值观，增强网络空间社会主义核心价值观认同，是凝聚网络空间价值共识，引领网络舆论，巩固马克思主义在意识形态领域指导地位的重要抓手。因此，必须深刻分析网络发展、社会主义核心价值观认同机制，及二者之间相互关系等理论问题，为在网络空间大力培育和践行社会主义核心价值观找到着力点，并奠定理论基础。

第一节　互联网的发展及网络空间的形成

　　互联网是人类历史发展过程中的一项重大发明。它是一个全球性的计算机网络体系，集各领域的信息资源于一体，供网上用户共享。它的出现标志着人类社会由工业化转向了信息化。今天，互联网已经超越了其概念内涵，成为信息社会的缩影，网络空间也从纯粹的物理空间逐渐具有了社会属性。

一　互联网在中国发展的历史

　　互联网产生于 20 世纪中叶，是冷战时期军备竞赛的产物。随着计算机技术和通信技术的持续发展，计算机的普及化和操作的大众化程度越来越高，互联网于 20 世纪后期开始逐渐实现了广泛应用。在这个过程中，互联网在中国经历了从起步、发展、勃兴，再到相对成熟的阶段。

第一阶段是起步探索（20 世纪 80 年代中期至 90 年代初）。互联网的发展离不开相关技术的支撑和相应基础条件的夯实。基础网络建设是互联网发展的前提，而域名的获得是一国网络发展的通行证和身份标识。中国人开始使用互联网的标志性事件是，1987 年 9 月北京计算机应用技术研究所正式向世界发出了第一封电子邮件。此后，中国计算机网络与国际网络互联互通的步伐逐步加快。1988 年，中国科学院高能物理研究所迈出了计算机国际远程联网的实质一步，于 1993 年 3 月接入美国斯坦福线性加速器中心（SLAC）的 64K 专线开通，是中国部分接入因特网的第一根专线。1994 年 4 月，由中国科学院主持，联合北京大学、清华大学共同实施的中国国家计算机与网络设施（简称 NCFC）完成主干网建设，并通过美国的一家公司连入因特网的 64K 国际专线。自此，中国实现了与国际互联网的全功能连接，成为正式拥有全功能因特网的国家。同年 5 月，中国科学院计算机网络信息中心完成中国国家顶级域名（CN 服务器）的设置，使得中国顶级域名从国外搬到了中国本土，一定程度上改变了受国外限制的状态。

第二阶段是空前活跃（1995 年至 2002 年）。这个阶段也称作 Web1.0 时代。Web1.0 主要是单向度地向人们提供微内容（即零零落落、纷杂的海量信息），人们可以通过浏览器浏览、搜索或者网络论坛来获取这些信息。这一阶段发展的技术基础是中国信息高速公路的初步建设。1997 年 10 月，中国公用计算机联网实现了与中国科技网、中国教育网和科研计算机网及中国金桥信息网的互联互通。① 从此，中国互联网发展史上出现了很多个"第一"，如第一份中文电子杂志、第一个城域网、第一家网络咖啡屋、第一个免费中文电子邮件系统、第一个上市的网络公司股、第一次网络招生、首次网上银行服务、各大新闻网站首次上线等。在此过程中，互联网信息的应用涉及商业、日常生活、政府事务、娱乐

---

① 郭明飞：《网络发展与我国意识形态安全》，中国社会科学出版社 2009 年版，第 47 页。

等诸多领域。

第三阶段是成熟发展并继续升级（2003 年至今）。这个阶段也称 Web2.0 时代。Web2.0 是相对于 Web1.0 而言的，是一种新型互联网应用的统称，它的突出特征是更加注重用户对网络内容的参与、沟通及相互交流，是"以 Blog、TAG、SNS、RSS、WIKI 等社会化软件的使用为核心，按照六度分隔、XML、Ajax 等新理论和技术实现的互联网"①。这一时期，人们对因特网的使用和需求从获取信息发展到人与人之间交往、互动的层面。而承载和实现这种需求的载体就是博客、贴吧、微博、校内网、微信等社交网站或软件。在这种趋势的推动下，2008 年中国网民人数首次跃居世界第一位。2009 年中国进入 3G 时代，各种传统上只能在 PC 上获得的业务纷纷往移动终端迁移，开启了移动互联网时代。② 从此，中国的各项互联网业务不断向深入发展。

二　当前互联网在中国的应用状况

中国互联网络信息中心（CNNIC）在京发布的第 44 次《中国互联网络发展状况统计报告》显示：截至 2019 年 6 月，我国网民规模达 8.54 亿，互联网普及率达 61.2%，手机网民规模达 8.47 亿，网民使用手机上网的比例达 99.1%；与五年前相比，移动宽带平均下载速率提升约 6 倍，手机上网流量资费水平降幅超 90%；"提速降费"推动移动互联网流量大幅增长，用户月均使用移动流量达 7.2GB，为全球平均水平的 1.2 倍；移动互联网接入流量消费达 553.9 亿 GB，同比增长 107.3%。③ 这表明互联网在我国的应用和普及程度不断提高，对人们日常生活产生着越来越深刻的影响。这里，我们以第 44 次《中国互联网络发展状况统计报告》为基础，分析当前互联网在我国的应用状况会发现：

第一，我国网民主要通过电脑、电视和手机使用互联网，而且移动互

---

① 车美萍等：《全球化与当代中国文化形态》，山东大学出版社 2009 年版，第 271 页。

② 《回眸历史：图说中国互联网 20 年发展历程》，2019 年 1 月 15 日，https：//www.sohu.com/a/48496944_119536。

③ 第 44 次《中国互联网络发展状况统计报告》，2019 年 9 月 8 日，http：//www.cnnic.cn/hlwfzyj/hlwxzbg/hlwtjbg/201908/t20190830_70800.htm。

联网的用户远超电脑、电视用户。截至 2019 年 6 月，我国网民使用手机上网的比例达 99.1%，较 2018 年底提升 0.5 个百分点；网民使用电视上网的比例达 33.1%，较 2018 年底提升 2.0 个百分点；使用台式电脑上网、笔记本电脑上网、平板电脑上网的比例分别为 46.2%、36.1% 和 28.3%。

第二，我国网民对互联网的应用主要是满足发展性需求。当前，互联网在中国的应用类型分为，一是基础类应用，如即时通信、搜索引擎、网络新闻等。二是商务交易类应用，如网络购物、网上外卖、旅行预订等。三是网络金融类应用，如互联网理财、网络支付等。四是网络娱乐类应用，如网络音乐、网络文学、网络游戏、网络视频、网络直播等。五是公共服务类应用，如网约车、在线教育等。六是互联网政务应用，它当前的核心内容包括新媒体整合管理、平台一体化建设及新技术应用等方面，其用户规模达 5.09 亿，占网民整体的 59.6%。从 2019 年网民上网对各类应用的使用时长占比来看，移动互联网用户使用通信类 APP 的时间最长，占比为 14.5%；使用网络视频、短视频、网络音乐、网络文学和网络音频类应用的时长占比分列二到六位，依次为 13.4%、11.5%、10.7%、9.0% 和 8.8%（具体见图 1 - 1）。由此可以看出，中国网民使用互联网以娱乐、消遣目的为主。因为当前移动互联网用户占中国网民总数的 99% 以上，所以对手机网民各类应用使用时长占比的分析和说明基本能够反映我国网民对互联网使用的整体状况。

三　网络空间的形成及其基本特征

如今，互联网已经渗透到人们生活的方方面面，深刻改变着人们的生活方式。也因此，形成了与"现实空间"相对应的人类第二生存空间——网络空间（cyber space）。这个空间是人们通过电脑、手机等通信网络进行交流互动的空间，是一种具有社会性的数字空间。"在互联网络这个虚拟世界的初创和原始阶段，互联网主要是用来交流科学、军事、经济类的数据，它们是不带人类感情的。经过短暂的发展，当人类意识中的情感开始注入虚拟世界时，虚拟世界开始发生了质的变化。当越来越多的人加入到虚拟世界中并将自己的情感汇入信息洪流之中时，

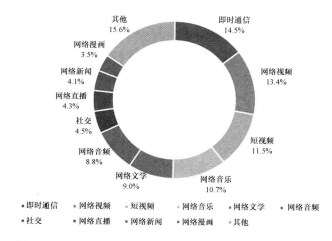

图 1 - 1　2019 年上半年手机网民对各类应用使用时长占比

资料来源：第 44 次《中国互联网络发展状况统计报告》，2019 年 9 月 8 日，http：//www. cnn-ic. net. cn/。

虚拟世界终于诞生了一个人类梦寐以求的新的人类社会——虚拟社会。"① 这里的虚拟社会就是作为人类第二生存空间的网络空间。可以说，计算机技术和通信技术的发展为网络空间的形成提供了必要的物质条件，而网民的真实参与使网络空间最终得以形成和发展。网络空间是人的实践方式和实践活动的新形态，是现实社会在数字化世界的延展。网络空间的"本质是人的社会关系生产与再生产过程"②。

　　网络空间的基本特征表现为，第一，虚拟性。网络空间是现代科学技术发展的产物。它是通过数字通信技术将物化的世界数字化，将现实中的各种事物或关系转化为技术空间的数字关系来呈现的。从这个意义上讲，网络空间是从技术的角度对现实世界的仿真模拟，是"编制虚拟实在的巨大电子网"③。另外，从网络空间参与者身份的角度来看，他们大都是匿名性的。通常情况下，我们无法真实了解这些参与者是个人，

---

① 刘文富等：《全球化背景下的网络社会》，贵州人民出版社 2001 年版，第 131 页。

② 陈宗章：《网络空间：概念、特征及其空间归属》，《重庆邮电大学学报》（社会科学版）2019 年第 2 期。

③ ［美］迈克尔·海姆：《从界面到网络空间：虚拟实在的形而上学》，金吾伦、刘钢译，上海科技教育出版社 2000 年版，第 139 页。

还是组织，无法了解他们的性别、职业、年龄、社会地位等各种信息。需要指出的是，这里的虚拟性并不是说网络空间是抽象的、无法把握的，而是指它的呈现形态是虚拟的，但它的内容和本质是实在的，即它是一种"虚拟的实在"。

第二，多元化与"去中心化"。Web2.0 时代，网络参与者的交流、互动是一个突出特点。而且因为技术的进步，使人们制造信息、发布信息和传播信息更加便捷，所以网络空间中的网络参与者、网络信息内容越来越多元化。网络参与者身份、经历、价值观的差异，会使网络空间中表达的信息内容更加丰富、多元和复杂。相比于传统媒体时代官方对信息把关的权威性和标准的严格性，网络空间中由于主体的分化、信息的多元化等因素影响，逐渐形成了"去中心化"的特点。也就是说，网络空间中丰富、多元、复杂的信息对党和政府所主导的话语形成了挑战、消解，甚至解构。

第三，开放性。因为互联网是一个全球性的计算机网络体系，所以在网络空间传递信息时国界和距离就消失了。这里的开放性就是指网络空间的无国界性。在网络空间中，人们可以自由、完全凭兴趣和喜好跨越国界的限制筛选信息和寻找交流伙伴。同时，由于互联网发展肇始于西方，而且西方国家在计算机技术方面处于世界领先地位，使得我国与西方国家存在客观的"数字鸿沟"。在这种背景下，西方国家的各种意识形态可以相对轻松地通过网络传入中国，潜移默化地影响我国网民。从这个角度讲，网络空间的开放性特征有它的"双面性"。

第四，平等性。网络空间是一个网络参与者可以平等参与和活动的平台。首先就体现为上网的用户之间是平等的。网络空间为不同身份、职业、地位、价值取向的用户提供了平台，他们既可以是信息的获取者，也可以是信息的发布者。这样，他们在参与、交流和地位关系方面都是平等的。可以说，这种平等与人们在现实生活中的身份、财产、种族、价值取向或性别无关。也有人称之为"网络民主"。

第二节　社会主义核心价值观认同机制

一　价值观与核心价值观

"价值的实质，是客体的存在、属性及其变化同主体的尺度和需要相一致、相符合或接近。"① 也就是说，价值反映的是主客体之间的一种特定关系，即：客体对主体的一种有用的满足关系。凡是具有了这种性质和状态的主客体关系，都说明客体对主体有价值。价值作为主体和客体之间相互作用的某种特定结果，它的存在具有主观性，它是在人类社会出现以后，客体满足了人们某种特定需求的条件下产生的。同时，价值的产生又有其客观性，它是在人的社会实践中产生的一种客体对主体的正效用关系。

价值观是人们对价值问题的根本看法。具体来说，它是人们在实践过程中形成的对特定事物价值的评判原则和标准，是指导人们对该类事物进行价值取舍的模式，是用以推动和指引人们形成决定和采取行动的根本原则、标准体系。"价值观是价值的意识层次，是主体关于价值的态度和观点，是比较理性化的，具有观念形态的层次，包括信念、信仰、理想等，具有自觉的理性思维和观念化的特点，能够较多地吸收和凭借知识的成分，构成一定的目的明确、系统而完整的社会思想形式，并且用以指导实践。"② 从价值观的内容来看，它一方面表现为评判原则、评价标准，成为主体判断客体价值的一种模式；另一方面表现为价值取向、价值追求，凝结为一定的价值目标，指导主体的行为活动。从价值观的本质来看，它最本质、最核心的部分是价值标准和价值取向，价值观与价值观之间的区别与分歧就在于价值标准和价值取向的不同。在一个社会的价值观体系中，各种价值观的地位并不相同，有些价值观处于核心地位，如终极（最高）价值观、核心（主导）价值观，有些价值观处于从属地位，如一般（非主导、边缘、从属）价值观。

核心价值观是一个国家、一个民族通过长期积淀而形成的人们普遍

---

① 肖前主编：《马克思主义哲学原理》，中国人民大学出版社 1994 年版，第 482—483 页。
② 钟明华、黄荟：《社会主义核心价值观内涵解析》，《山东社会科学》2009 年第 12 期。

认同的一套基本价值原则，在整个社会价值体系中处于核心地位，对其他处于从属地位的价值观起着统率和支配作用的基本价值观念。一般来说，核心价值观体现着一个国家和民族的思想精髓和精神积淀，影响着整个社会的走向，决定着一个民族的发展程度。它是一种文化区别于另一种文化的基本价值观念，影响着个体或群体的思想观念与价值取向。一个国家、一个民族的核心价值观有其内在的建设规律，有着普遍的民众认同的心理基础，并稳定、恒久地存在于人们的价值意识当中，甚至因其巨大的感召力成为人们不断追求的价值理想与价值信仰及获得进步的强大精神动力。归纳起来，核心价值观具有"统摄性、普遍认同性、稳定性、建设性、理想性"等基本特征。一个国家和民族的核心价值观，代表这个国家和民族的追求与宗旨，是形成民族凝聚力和向心力的重要因素。一个拥有自己核心价值观的民族和国家，可以形成普遍的向心力量，使得民族高度团结；可以形成普遍的凝聚力，使得国家秩序得以稳定。因此，世界上包括发达国家在内的很多国家都非常重视本国核心价值观的确立。

二　社会主义核心价值观

每一个社会都有其赖以支撑的核心价值观，社会主义社会也有自己独特的核心价值观。社会主义核心价值观就是"反映社会主义基本的、长期稳定的社会关系及价值追求的价值观，是在社会主义革命、建设和改革历程中逐步形成和发展起来并指导社会主义健康发展的价值目标和价值观念"①。从社会主义核心价值观的内涵可以看出，它是在长期的历史过程中形成的稳定而又影响深远的价值观；它反映了社会主义的本质和建设规律，是人们对社会主义认识由制度层面向价值层面转化的集中反映；它是人们对未来社会主义社会价值追求的基本看法和总体要求，将从深层次上指导中国特色社会主义建设实践。党的十八大提出，倡导富强、民主、文明、和谐，倡导自由、平等、公正、法治，倡导爱国、敬业、诚信、友善，将社会主义核心价值观的内容概括为国家、社会、

---

① 王泽应：《社会主义核心价值观之本质规定性及路径选择》，《湖南师范大学社会科学学报》2007 年第 5 期。

公民三个层面。可以说，社会主义核心价值观既反映了整个世界社会主义运动的内在价值趋向，又体现了中国传统文化在现代化场域中的价值精髓和当代中国文化的核心理念，同时还内含着当代世界各民族都认同的共同价值观念。

社会主义核心价值观体现了社会主义意识形态的本质要求。在任何社会，主流意识形态的构筑都需要将核心价值观的培育作为发展其思想理论体系的核心内容。对于中国特色社会主义而言，社会主义核心价值观体现了社会主义意识形态的价值取向，承载着社会主义意识形态的价值承诺，是社会主义意识形态建设的本质内容。社会主义意识形态反映了中国最广大人民的根本利益，承载着中国共产党的现实承诺——为人民谋幸福，为民族谋复兴的"初心和使命"，也承载着实现人的全面发展的终极承诺。社会主义核心价值观的内容从国家、社会、公民三个层面，把中国建设成为社会主义现代化强国，实现中华民族伟大复兴的价值目标和建设美好社会的价值承诺，以及为人们开展社会行为提供价值标准的承诺，完整地体现了出来。从这个意义上讲，社会主义核心价值观拓展了社会主义意识形态的价值内容，夯实了社会主义意识形态的价值基础，体现了社会主义意识形态的本质要求。

社会主义核心价值体系是与社会主义核心价值观紧密联系的一个概念，它的内容包括：马克思主义指导思想、中国特色社会主义共同理想、以爱国主义为核心的民族精神和以改革创新为核心的时代精神、以"八荣八耻"为主要内容的社会主义荣辱观。社会主义核心价值体系是社会主义制度的内在精神，是社会主义意识形态的基石，在社会主义价值观念体系中处于统摄和支配地位。社会主义核心价值体系是维护社会团结和睦的精神纽带，是推动当代中国社会全面发展的精神动力，是指引中国社会前进方向的精神旗帜。

关于社会主义核心价值观与社会主义核心价值体系的关系问题，可以用一句话来概括：二者是同一问题不同层面的表达。具体来说，二者的统一性表现在它们都是对社会主义本质、特性及价值目标的体现，即它们在本质上是一致的；二者的区别则在于它们对本质问题的反映体现在不同的层面，社会主义核心价值观倾向于价值理念的表达，强调从精神观念入手来理解和把握社会主义，而社会主义核心价值体系更倾向于从直观结构和具体内容方面表达，强调社会主义的实践操作性。既然理解了二者之间不同点的本质，那么我们就可以用一种通俗的关系来表达它们的区别，即"社会主义核心价值体系是社会主义核心价值观的基础和前提，是社会主义核心价值观形成和发展的必要条件；社会主义核心价值观是社会主义核心价值体系的内核和最高抽象"[1]，决定社会主义核心价值体系的基本特征和基本方向，渗透于社会主义核心价值体系之中并通过社会主义核心价值体系表现出来。需要指出的是，社会主义核心价值体系和社会主义核心价值观都是具体的、历史的范畴，是随着历史的发展不断深化的，需要我们随着社会主义实践的发展进一步提炼和概括。

三　社会主义核心价值观认同

培育和践行社会主义核心价值观本质上是构建价值共识，进而解决大众对社会主义核心价值观的认同问题。这一问题是当前学术界研究的热点。

关于"认同"的含义，中外学者们从不同学科出发进行了界定，具有代表性而且与本书研究内容联系密切的观点是从心理学和社会学角度出发进行的概括。心理学意义上的"认同"主要是指个体向他人模仿的心理过程。《心理学大辞典》指出，认同是指"一个人将其他人或群体的行为方式、态度观念、价值标准等，经由模仿、内化，而使其本人与他人或群体趋于一致的心理历程"[2]。这属于个体认同，侧重于认同的心理机制。随着社会的持续发展和学科专业化程度的加深，认同的概念逐渐延伸到了社会学领域。《现代社会学字典》指出："认同是一种同化与内化的社会心理过程，它是将他人或群体的价值、标准、期望与社会角色，内化于个人的行为和自我概念之中。"[3] 这属于社会认同，侧重于对

① 马中全、李学军：《公安院校加强社会主义核心价值观教育的思考》，《四川警官高等专科学校学报》2007 年第 6 期。

② 张春兴编：《张氏心理学大辞典》，上海辞书出版社 1992 年版，第 122 页。

③ George A. Theodroson, A. G. Theodroson, *A Morden Dictionary of Sociology*, NewYork, 1969, p. 85.

认同对象和内容的把握、理解和内化。随着研究的深入，英国著名社会理论学家和社会学家安东尼·吉登斯直接将认同划分为自我认同和社会认同两个层次。① 在此基础上，泰菲尔和特纳指出社会认同是"一个社会的成员共同拥有的信仰、价值和行动取向的集中体现，本质上是一种集体观念，它是团体增强内聚力的价值基础"②。这里的社会认同包含着价值认同的内容。

当前，我国学者主要从个人对某种身份的认可和特定价值的共有和共享，③ 以及着重强调以特定价值为标准调整自身价值结构角度来解读价值认同。④ 价值认同属于社会认同的范畴，上述两种观点都包含着人们对特定价值的认可和接受，并以此作为自身价值规范和行为标准的含义。可以说，价值认同的本质就是价值主体通过参与社会实践活动和发展社会关系，对特定的共同价值观了解、认可、接受和内化后，以此作为价值规范和行为标准，不断调试自身价值结构和行为方式的过程。

社会主义核心价值观认同属于价值认同，是指人民群众通过各种方式对"富强、民主、文明、和谐；自由、平等、公正、法治；爱国、敬业、诚信、友善"三个层次的核心价值观逐渐了解、认可、接受，并内化为自己的价值规范和行为准则，进而凝聚成争做合格新时代公民，为全面建成小康社会和实现中华民族伟大复兴努力奋斗的实践过程。人民群众对社会主义核心价值观认同的机理可以概括为认知、同化、内化三个阶段：认知是指人民群众科学理解社会主义核心价值观基本内容的阶段；同化是指人民群众将社会主义核心价值观与其他各种价值观放在一起进行比较、审视后，选择认可和接受社会主义核心价值观的过程；内化是指人民群众将社会主义核心价值观纳入自己的思想观念和价值体系中，并将其作为自己的判断标准和行为依照。

---

① ［英］安东尼·吉登斯：《社会学》，赵旭东、齐心、王兵等译，北京大学出版社 2003 年版，第 38—39 页。

② 张敏：《社会认同的概念本质及研究维度解析》，《理论月刊》2013 年第 10 期。

③ 汪信砚：《全球化中的价值认同与价值观冲突》，《哲学研究》2002 年第 11 期。

④ 唐凯麟：《把握社会主义核心价值体系的基础》，《光明日报》2007 年 8 月 14 日。

四 社会主义核心价值观认同机制

价值认同是多种要素共同作用的过程,其结构要素包括认同主体、认同客体和认同介体。相应地,社会主义核心价值观认同的结构要素也包括认同主体、认同客体和认同介体三个方面:认同的主体是人民群众,认同的客体是社会主义核心价值观,认同的介体是社会共同体相互交往的过程和交往的各种方式方法,而社会主义核心价值观价值共识的形成代表着介体功能的实现。按照马克思主义系统论的观点,从微观的运行机制来讲,社会主义核心价值观认同机制是指认同结构中各要素优化和提升以及交互作用,其最终目标是在全社会形成价值共识,引领国家与社会发展,规范人们日常生活。从宏观层面讲,社会主义核心价值观认同机制还包括社会大环境中经济、政治、文化、生态、社会领域各要素的交互作用及对价值认同的作用机理。由于本书是研究网络空间社会主义核心价值观认同机制问题,为了课题研究的可操作性和具体性,本书着重从微观运行机制层面,探讨社会主义核心价值观认同机制的构建问题,即对社会主义核心价值观认同的主体机制、客体机制和介体机制进行深入剖析,力图构建一套科学、合理的社会主义核心价值观认同机制。

第三节 网络发展与社会主义核心价值观认同机制的内在关系

一 网络空间价值共识的凝聚要求构建社会主义核心价值观认同机制

互联网的发展促成了网络空间的形成,并逐渐成为人类的第二生存空间。网络空间的"网络化信息处理、创制和传播方式具有虚拟性、交互性、开放性、全球性、多元性、自由性、共享性、平等性、非权威性、无限构造与创新等基本特征,这些特征构成了一种全新的网络生存方式"[1]。互联网深深介入和重构着人们的日常生活,改变了人们的生活

—————————

[1] 杨立英、曾盛聪:《全球化、网络化境遇与社会主义意识形态建设研究》,人民出版社 2006 年版,第 103 页。

方式、工作方式、交往方式、学习方式以及思维方式。

网络空间逐渐实现了社会化。首先，网络空间中多样的社会构成要素使得网络的空间结构形式实现了社会化。根据社会学的理论，现实社会由人口、资源、环境、文化四类要素构成。从当前网络空间的发展状况来看，其一，网络空间具有庞大数量的人口。人口要素是社会的首要构成因素。网络空间的社会化，首先必须拥有规模庞大的"人口"。当前，互联网发展已经进入成熟推进的阶段，越来越深入地影响着人们的日常生活，参与到互联网中的人数也越来越多。其二，网络空间具有丰富的资源。资源要素是社会存在和发展的基础和保障。随着互联网的发展和应用广泛性增多，现实社会各种有形或无形的资源被"克隆"到网络中，而且网络发展带来更多现实社会中没有的新资源。这使得网络资源形式实现了社会化。其三，网络空间具有健全的环境要素。环境要素是现实社会存在和发展的重要条件。随着互联网技术的发展，现实社会的环境要素成功投射到网络中，而且网络空间还衍生出比现实社会更加复杂的环境，并在人机交互技术的作用下实现了社会化。其四，网络空间具有丰富多样的文化。文化是人类与动物之间、人类各群体之间相互区分的重要标志，是社会的重要构成要素。随着互联网的发展，网络空间形成了一种新的文化形态——网络文化。网络文化是网络时代的人类文化，它是现实社会各种文化在网络空间的延伸和多样化展现，同时还包含多样性、具有差异性的文化现象，成为人们生活中必不可少的内容。需要指出的是，网络空间结构各要素之间不是彼此孤立的，而是形成了一个密切联系、相互作用的系统。网络空间结构要素的社会化，以及各要素之间密切关系的形成，促成了网络空间结构特质的社会化。[①]此外，广大网民是网络空间的参与主体，他们的角色形式和角色特质是现实社会角色在网络空间的投射，也具有网络空间参与主体角色的独特性（如虚拟性、匿名性等）。网络主体的角色在人机交互技术的促进下实现了社会化。这样，网络空间结构要素和结构特质的社会化，以及网络主体角色的社会化，使得网络空间具有了社会属性和社会形态的

---

① 郑爱龙：《网络社会与社会主义核心价值认同》，安徽师范大学出版社 2016 年版，第 21—25 页。

意涵。

网络空间作为现代人新的生存场所，其虚拟性、多样性、开放性、平等性特征为人们带来极大便利的同时，也引发了各种问题。网络的虚拟性使网民可以轻松隐瞒自己的年龄、性别、职业，便于他们实施各种不道德、不合法的行为，甚至可以"隐身"、实现自我伪装，便于他们无成本、不计后果地暴露自己人性中"恶"的一面，从而破坏网络空间秩序，污染网络空间环境。网络的多样性、开放性使得人们置身多种思想、思潮和多样文化境地时，很容易因辨别能力、自律能力低下而被消极、腐化、错误甚至敌对的思想、思潮误导走入歧途，成为影响网络社会秩序的不利因素，甚至解构主流价值共识。网络的平等性容易让人们借助民主的方式，表达民粹主义、激进民族主义、自由主义等各种错误甚至极端的思想，扰乱人们的思想，冲击主流价值共识，挑战政府权威，影响社会稳定。

网络空间思潮、思想和文化的多样、多元、多变，以及各种问题的存在，对网络空间秩序的维护和价值共识的凝聚形成了挑战。价值共识的形成是网络空间秩序稳定的基础，也是营造清朗网络空间的前提。党的十九大报告强调："社会主义核心价值观是当代中国精神的集中体现，凝结着全体人民共同的价值追求"[1]，要"把社会主义核心价值观融入社会发展各方面，转化为人们的情感认同和行为习惯"[2]。这说明了社会主义核心价值观的重要性，也强调要发挥社会主义核心价值观引领和整合多元、多样文化或思潮的作用，从而凝聚价值共识。对于网络空间的建设而言，网络空间秩序的维护需要形成对社会主义核心价值观的认同共识，进而发挥其引领和整合网络社会意识、汇聚网络社会共识、维护网络空间秩序的功能。为了实现这样的目标，就必须在网络空间构建社会主义核心价值观的认同机制。

---

[1]　习近平：《决胜全面建成小康社会　夺取新时代中国特色社会主义伟大胜利——在中国共产党第十九次全国代表大会上的报告》，人民出版社2017年版，第42页。

[2]　同上。

二　构建社会主义核心价值观认同机制是凝聚网络空间价值共识的基础工程

互联网在改变人们生存方式的同时，给人们的文化和价值理念带来前所未有的冲击。网络空间的开放性、平等性等特点使人们置身于一个由多元文化组成的新场域，让人们享受各种文化资源的同时，也使得人们的价值取向呈现多元化趋势。这就为各种错误思想俘获受众群体提供了机会。现在许多意识形态领域的新情况新问题都是因互联网的发展而产生，许多错误思想也因为互联网的存在而不断发酵，演变为意识形态领域的难点问题。因此，引领网络空间参与主体的价值取向，凝聚网络空间核心价值共识就显得尤为迫切。

社会主义核心价值观是当代中国人共同的价值追求，必须发挥其在网络空间的强大吸引力、感召力和凝聚力。要把在网络空间培育和践行社会主义核心价值观作为凝魂聚气、强基固本的基础工程。培育和践行社会主义核心价值观的本质就是以解决大众对社会主义核心价值观的认同问题为抓手，进而凝聚价值共识。在此过程中，构建社会主义核心价值观认同机制是有效增强人们价值认同，进而凝聚价值共识的根本途径。没有健全、完善的社会主义核心价值观认同机制，想要增强核心价值观认同，凝聚价值共识，就会成为一种空想。所以，在网络空间构建社会主义核心价值观认同机制是增强网络参与主体对核心价值观认同程度，进而凝聚价值共识的基础工程。

综合上述分析，我们可以知道，网络发展与社会主义核心价值观认同机制的内在关系集中表现为：网络空间价值共识的凝聚要求构建社会主义核心价值观认同机制，而构建社会主义核心价值观认同机制是凝聚网络空间价值共识的基础工程。所以，本书研究的落脚点就是：在网络空间构建社会主义核心价值观认同机制。也就是说，本书将围绕在网络空间构建社会主义核心价值观认同机制的方方面面理论与现实问题展开详细论述。

第四节　构建网络空间社会主义核心
价值观认同机制问题刍论

在网络空间构建社会主义核心价值观认同机制是一个全新的命题，首先需要从理论维度对其进行充分阐释。只有如此，才能为网络环境下社会主义核心价值观认同机制的建设实践提供有效指导。

网络空间社会主义核心价值观认同是指网络参与主体通过各种方式对社会主义核心价值观关于国家、社会、公民三个层次价值内容逐渐了解、认可、接受，并内化为自身价值规范和行为准则，进而转化为自觉遵守网络空间道德规范、法律法规要求，维护网络空间秩序，以及践行社会主义核心价值观的行为。需要指出的是，网络空间社会主义核心价值观认同是在网络社会这一特定环境中进行的。网络空间是依存于现实社会产生的虚拟空间，是人类生存和发展的第二空间，但它对现实社会也会产生巨大的推动力或制约作用。所以，网络空间社会主义核心价值观认同与现实社会中的社会主义价值观认同既有区别，又紧密联系。我们要深化对网络空间社会主义核心价值观认同问题的研究，构建科学、合理的认同机制，凝聚网络空间价值共识，助力现实社会中社会主义核心价值观认同的有效落实。

网络空间社会主义核心价值观认同属于价值认同的范畴。从认同结构要素来看，网络空间社会主义核心价值观认同包括认同主体、认同客体、认同介体。网络空间社会主义核心价值观认同机制就是指认同结构中各要素（认同主体、认同客体、认同介体）的优化和提升以及交互作用，其最终目标是在网络空间形成关于社会主义核心价值观的价值共识。换句话说，网络空间社会主义核心价值观认同机制就是在网络空间使认同主体与认同客体之间满足与被满足关系达到理想状态和目标的具体实现机制。具体来讲，网络空间社会主义核心价值观的认同机制包括认同主体机制、认同客体机制、认同介体机制。

在具体实践中，要围绕认同主体机制、认同客体机制、认同介体机制三方面内容在网络空间构建立体化的社会主义核心价值观认同机制。第一，构建网络空间社会主义核心价值观认同的主体机制。要实现价值认同首先必须明确价值认同的主体，没有价值主体，一切外在事物都无法体现价值。网民主体性的实现是认同的基础。网络空间社会主义核心价值观认同的主体是全体网民。具体来讲，主要包括具有带头示范作用的党员干部网民群体，具有典型示范作用的公务员网民群体，具备引领辐射作用的教师网民群体，和具有传播扩散作用的青年学生网民群体，以及其他群体的网民。构建网络空间社会主义核心价值观认同的主体机制就是要构建相应的机制以实现网民对社会主义核心价值观的认同完成由点到面、由少数认同到多数认同，最终实现向全体网民认同的转变和提升。

第二，构建网络空间社会主义核心价值观认同的客体机制。网络空间社会主义核心价值观认同的客体即认同对象，就是我们倡导的社会主义核心价值观。它具有科学性、整体性、引领性，其理论体系也具有强大的逻辑力量，是实现价值认同的内在动力。构建网络空间社会主义核心价值观认同的客体机制就是构建相应的机制以实现社会主义核心价值观在其内在属性上实现满足全体网民的现实需要和发展需要，即"充分彰显社会主义核心价值观的现实性与发展性"[①]。其中，社会主义核心价值观的现实性是指社会主义核心价值观能够针对性地满足我国全体网民当前的各种价值观需要，而社会主义核心价值观的发展性是指社会主义核心价值观能够随着时代主题和社会发展的需要实现内容的持续更新和发展，以满足全体网民未来各种价值观的需要。

第三，构建网络空间社会主义核心价值观认同的介体机制。网络空间社会主义核心价值观认同的介体是认同主体与认同客体产生联系和作用的"桥梁"，是网络社会共同体成员相互交往的过程和交往的方式方法。具体来说，网络空间社会主义核心价值观认同的介体是网络媒体。网络空间社会主义核心价值观认同介体机制的建设能够对增强网民的社会主义核心价值观认同起到催化作用。构建网络空间社会主义核心价值观认同的介体机制就是构建相应的机制以实现广大网民对社会主义核心价值观的理性认同、情感认同和行动认同。

[①]　郑爱龙：《网络社会与社会主义核心价值观认同》，安徽师范大学出版社 2016 年版，第 123 页。

第二章 网络空间社会主义核心价值观认同机制建设面临的机遇和挑战

网络空间社会主义核心价值观认同机制建设是一个重大的理论与现实问题，也是一项全新的工程。必须对社会主义核心价值观认同机制建设的网络化境遇进行全面、深刻的分析，从而为在网络空间大力培育和践行社会主义核心价值观奠定认识基础。总体而言，互联网是一把"双刃剑"。它的发展为网络空间社会主义核心价值观认同机制建设提供了新机遇，也提出了严峻挑战。

第一节 网络空间社会主义核心价值观认同机制建设的机遇

计算机技术、网络技术和通信技术的发展，以及网络空间的形成与拓展，扩大了人们的生存和交往空间，丰富了人们政治、经济、文化等方面的生活，展现了中国特色社会主义发展的活力，为网络空间社会主义核心价值观认同机制建设提供了新机遇。

一 网络发展有助于提高人们对社会主义核心价值观的认同

作为过去一千年中最伟大的技术革命，当前互联网已经对中国特色社会主义各方面发展产生了巨大影响，极大地改变了中国人民的生活、生存方式，提高了人们的生活水平和质量，增强了人们对中国特色社会主义的信心。

（一）数字网络技术的发展，促进了网络经济的繁荣

互联网在 20 世纪 90 年代开始广泛应用的过程中，一场基于网络信息技术的新经济革命正在悄悄发生。当前这场新经济革命力量已经显现出来，使人类迈进了网络经济时代。在我国，网络经济已经成为经济增长的重要力量，也成为我国深入推进现代化的一项战略举措。网络经济是现代交换经济基于互联网平台的电子化呈现。网络经济的功效集中体现为它加速了信息传递，降低了信息传递的成本，从而创造了更廉价、更高质量的产品和服务。此外，它还创造了一个完善的市场机制。在这样的经济活动中出现了很多新的特征，如"一人一时一价格、多种全新的交易模式并存、让客户定价、'24 小时运作、无边界、无摩擦的全球市场'"①。同时，网络经济的发展使得行业从业人员的收入水平不断提高。2017 年以来，在人工智能、大数据、云计算等新一代信息技术的推动下，网络经济发展呈现出新的阶段性特征：以平台经济、共享经济为代表的互联网相关产业迅猛增长；网上服务类行业快速推进，成为网络经济的重要组成部分；制造业同互联网的融合不断深化，催生制造业新模式、新业态的不断涌现。② 据统计，2018 年我国网络经济总量达到31.3 万亿元，占 GDP 比重超过三分之一，已经成为中国经济增长的主要动力。可见，网络经济的迅猛发展有力推动了中国经济增长方式的转变、产业结构的转型升级和就业结构的优化，促进了中国经济的增长，提高了人们的收入水平。

（二）网络发展为公民实现政治参与提供了便利条件，推进了民主化进程

建设民主政治是中国特色社会主义政治建设的价值目标。互联网的发展为公民实现政治参与创造了新途径。网络发展在推进经济发展，提高人民生活水平的同时，也催生了一种新媒体，使人们摆脱了传统社会

---

① 梁建章：《网络社会的崛起》，上海交通大学出版社 2000 年版，第 116—120 页。
② 《〈中国互联网发展报告（2018）〉：中国互联网经济发展呈现四大特征》，2019 年 1 月 26 日，http：//www.ce.cn/cysc/zljd/qwfb/201901/13/t20190113_31247038.shtml。

那种媒体"被垄断"的状态。在这样的环境里，"任何国家和地区的任何人都有权享受信息和知识"①。人们可以借助新媒体获取信息，也可以发布信息，使得自身参与政治并就公共问题发表意见的渠道更加通畅，从而激发了人们的政治参与热情。从近年来对中国社会发展影响较大的网络政治事件来看，如陕西"周老虎"造假事件、厦门 PX 工程事件、云南的"躲猫猫"事件等，它们基本可以反映当前中国公民通过网络参与公共事务的全貌。这些事件一开始都是地区性的，但是经过网络的传播和网民的关注很快便成为全国性的话题。相比较而言，传统的平面媒体却对这些事件报道不多，关注不够。这些事件最终也是网民通过网络平台持续关注和谈论之后，得到了解决。这些典型事件充分体现了网络发展对中国公民参与公共事务的推动作用。当前，网络政治已经成为中国民主政治建设的重要内容。

（三）网络文化的形成和发展丰富了人们的精神生活

网络文化是"存在于赛伯空间的人类精神文化形态，包括存在于网络空间内的一切的知识、信息、思想、心理、行为和活动方式等"②，是一种现代新型文化形态。网络文化的主题内容广泛，包括社会生活中的政治和经济领域、医疗卫生、娱乐文化、科学技术、教育、外交关系等。网络交往的自由性、开放性，以及网络主题内容的丰富性，使人们在网络空间可以感受到各种价值观念、思维方式、文化形式的活力，给人们带来精神震撼的同时，也丰富了人们的精神生活和娱乐方式。从互联网的应用情况来看，人们可以在微博、微信、网上论坛发表自己的见解，还可以就相关话题与粉丝、好友互动；人们可以足不出户在网上购买自己心仪的商品，预订餐馆座位、火车票、机票、电影票等，可以随时在网上购买自己需要的书籍；人们可以利用自己的专长在网络空间找到自己的存在感甚至成就自我，如淘宝直播、网络小说空间、其他各种各样的直播平台等为很多人提供了成功途径，使人们在满足兴趣爱好和发挥专长的同时获取了经济效益或者成就了人生。根据第 44 次《中国

---

① ［英］戴安·科伊尔：《无重的世界——管理数字化经济的策略》，罗汉译，上海人民出版社 1999 年版，第 24 页。

② 李文明、吕福玉：《网络文化通论》，学习出版社 2012 年版，第 22 页。

互联网络发展状况统计报告》显示，就当前中国手机网民（我国网民使用手机上网的比例达 99.1%）而言，他们对互联网的应用内容涉及手机即时通信、搜索、网络新闻、网络购物、网络支付、网络音乐、网络游戏、网络文学、网上订外卖、在线教育课程等，而且大多数应用的使用率都超过了 60%（见图 2-1）。由此可见，网络文化极大丰富了人们的精神生活。

应用	2019 年 6 月		2018 年 12 月		
	用户规模（万）	网民使用率	用户规模（万）	网民使用率	半年增长率
手机即时通信	82069	96.9%	78029	95.5%	5.2%
手机搜索	66202	78.2%	65396	80.0%	1.2%
手机网络新闻	66020	78.0%	65286	79.9%	1.1%
手机网络购物	62181	73.4%	59191	72.5%	5.1%
手机网络支付	62127	73.4%	58339	71.4%	6.5%
手机网络音乐	58497	69.1%	55296	67.7%	5.8%
手机网络游戏	46756	55.2%	45879	56.2%	1.9%
手机网络文学	43544	51.4%	41017	50.2%	6.2%
手机网上订外卖	41744	49.3%	39708	48.6%	5.1%
手机在线教育课程	19946	23.6%	19416	23.8%	2.7%

**图 2-1　2018 年 12 月—2019 年 6 月手机网民各类
手机互联网应用的用户规模及使用率**

资料来源：第 44 次《中国互联网络发展状况统计报告》，2019 年 9 月 10 日，http://www.cnn-ic.net.cn。

总之，互联网的发展和应用对中国特色社会主义政治、经济、文化等方面的发展起到了极大促进作用，比较集中地反映和实现着社会主义核心价值观关于"富强、民主、文明、和谐"层面的内容，推动了中国特色社会主义的发展，增强了人们对中国特色社会主义的发展信心。此外，社会主义的本质是解放生产力，发展生产力，消灭剥削消除两极分化，最终达到共同富裕。中国特色社会主义是围绕着社会主义本质问题展开的。可以说，社会主义本质问题是建设中国特色社会主义首要的基本理论问题。从社会主义本质与社会主义核心价值观的内在关系来看，社会主义核心价值观体现了社会主义本质的要求，是中国特色社会主义的价值表达。因此，人们对中国特色社会主义自信的夯实，有助于增强对社会主义核心价值观的认同。

二　开放性的交流环境有利于促进不同文化的交流与合作，显示中国特色社会主义文化的优越性

文化与人的日常生活紧密联系。文化的核心是价值观，文化所拥有的价值观体现着这种文化环境中生存的人们的价值追求。人们创造文化的活动和过程，显现着人们对特定价值的追求，而且人们在一定历史时期创造的文化，也从深层次上显示着人们在特定历史时期的价值追求和价值观念。人们创造文化的过程实质上就是一个价值转化的过程。从这个意义上说，文化就是人的价值观的一种外化形式，文化本质上就是作为文化核心和精髓的价值观在现实中的外在表现。中国特色社会主义文化就是社会主义先进文化，其核心和精髓是社会主义核心价值观。它通过文化价值理念的革新和丰富发展各种文化形式的方式实践着社会主义核心价值观的内容。在与不同地区、不同国家文化的交流和合作过程中，中国特色社会主义文化可以充分绽放自身的优越性，展现作为其精髓的社会主义核心价值观的魅力。

网络空间的虚拟性为文化在不同国家、不同地区之间的传播和交流清除了时空障碍。人们可以通过新媒体以图、文、声、像等多种方式和即时互动的方式实现交流和沟通，打破了传统社会因距离、国别、性别、社会地位等因素阻隔而无法进行畅通的文化交流的限制。在这种情况下，人们可以通过网络毫无障碍地与国外的友人、同行、专家等就相关问题进行交流和讨论，可以比较轻松地无偿或有偿享用国外的优质远程教育资源，也可以在线观看美国总统的竞选演说并发表评论。当然，其他国家的公民也可以通过网络感受中华文化的魅力，如他们可以在线观看中国的电影、电视、娱乐节目，可以观看中国举办的各种大型会议，了解中国共产党的政策主张，也可以在线享用中国的优质教育资源，等等。可以说，不同国家、地区的人民可以通过网络加强文化交流

与合作。

　　网络空间的平等性、民主化以及信息传播快速化特点，促成了网民对各种文化交流和共享的便利。这种交流和共享方式有利于中国特色社会主义文化展现自身的优越性。网络空间是一个开放系统，网民以交互方式接受或传播信息的过程是平等的，其在身份、性别、年龄等方面是不受特别限制的。此外，网络信息技术的发展使得信息传播变得快捷迅速。网民可以在短时间内接受或传播信息。这使得网民能够轻松获得信息，也便利了各国、各地区、各民族之间的文化交流与融合，达成文化共享的目标。正如比尔·盖茨指出："信息高速公路将打破国界，并有可能推动一种世界文化的发展，或至少推动一种文化活动、文化价值的共享。"① 世界不同文化在网络空间交流和共享过程中，优秀的文化成果会受到各国人民的喜爱。中国特色社会主义文化是在中华优秀传统文化、革命文化的孕育中，以及中国特色社会主义实践中形成的社会主义先进文化。中国特色社会主义文化继承了中华优秀传统文化的基因和革命文化的精髓。在当今世界跨文化交流和文化多样化发展的趋势下，中国特色社会主义文化越来越显现出优越性和旺盛生命力。中华优秀传统文化是中华民族的立身之本，其基本精神与特色构成了中华民族的人文精神。它的内容包括和而不同，厚德载物；刚健自强，生生不息；仁义至上，人格独立；民为邦本，本固邦宁；整体把握，辩证思维；经世务实，戒奢以俭。中国革命文化是中国共产党领导中国人民在开展新民主主义革命过程中形成的。新民主主义革命过程中形成的长征精神、抗战精神、延安精神、西柏坡精神等是革命文化激昂奋进品格的体现，"农村包围城市，武装夺取政权"革命道路的形成是革命文化精神的集中体现，《兄妹开荒》《白毛女》《小二黑结婚》等作品的发表和《新华日报》等报刊的创建是革命文化外在形式的典范。革命文化精神实质在于中国共产党将马克思主义基本原理与中国实际相结合，将中华民族的优秀品格与精神气质完整真实地展现了出来，为社会主义先进文化的形成奠定了基础。社会主义先进文化是以马克思主义为指导，面向现代化、

―――――――――

① ［美］比尔·盖茨：《未来之路》，辜正坤译，北京大学出版社1996年版，第327页。

面向世界、面向未来的，民族的科学的大众的社会主义文化。它是在中华优秀传统文化滋养和革命文化的支撑下形成的。它在以现代形式展现中华优秀传统文化和革命文化品格和气质的同时，也展现了新时代的风貌。中国特色社会主义文化以理论、学术、文艺、影视、网络等多姿多彩的文化样式塑造着国家形象，引领着社会风尚，教育着人民，以博大的胸襟辩证科学地对待外国文化，同时在意识形态领域始终保持清醒和警觉，始终把意识形态工作的领导权、管理权和话语权牢牢掌握在自己手中。[①] 在平等化、民主化、快捷化、互动式交流的网络空间里，中国特色社会主义文化以各种形式跨越国界进行传播，能使国外的网民迅速、便捷地接触到中国文化信息和文化产品、作品等成果，能够零距离感受这些作品的风格和精神内容。这有利于展现中国特色社会主义文化的优越性，彰显社会主义核心价值观的魅力。

三 网络发展有利于增强社会主义核心价值观的辐射力和影响力，促进社会主义核心价值观的创新发展

以互联网为代表的信息技术深刻改变了中国社会发展的各个方面，催生了报刊、广播、电视之后新的信息传播媒体——第四媒体。当前，网络媒体已经成为社会主义核心价值观传播的重要渠道。可以说，数字信息技术的持续精进发展有助于增强社会主义核心价值观的辐射力和影响力，网络传播的开放性使得多样文化、多元价值交流融合更加便利，有助于促进社会主义核心价值观的创新和发展。

第四媒体是以数字信息技术和网络传感技术为支撑技术的新媒体，可以借助各种现代化手段和工具进行信息传播。新媒体传播信息的覆盖面广，它能够借助互联网的渠道，将信息传递到世界的每一个角落。此外，互联网的交互性特点使新媒体传播体现出个性化的特点。在网络空间，信息的传播区别于传统社会和传统媒体，呈现出交互性的特点。人们既是信息的发布者，也是信息的接受者，可以便利地传播和分享各种主流价值观念，表达自己的思想观点。在此基础上，人们可以及时掌握

---

① 张国祚：《中国特色社会主义文化优势的三大支点》，《红旗文稿》2017 年第 20 期。

各种信息，并且当人们最大限度参与网络后，会使得新媒体的信息越来越具有个性化特点。人们可以按照自己的风格表达自己的观点，信息的发布者也会更多地根据受众群体的特点针对性地发布各类信息，获得更多网民的支持。这样就为社会主义核心价值观在更大范围、更广群体内传播提供了基础。新媒体的传播途径、传播手段是多样化的。以互联网为基础的新媒体能够同时以图、文、声、像等多种形式传播信息，打破传统媒体平面化、静态化、单一时空传播的特点，实现立体化、动态化、超时空的信息传播。它能以巨大的存储和强大的处理能力对信息进行快捷的分类存储，使信息传播的内容更加有条理、丰富，更具有吸引力。我们可以"通过整合网络平台上的各种信息资源，汇集成社会主义核心价值观教育的'海量素材库'，以文字、视频、图片等多种元素相结合的方式，加强社会主义核心价值观的宣传，使抽象的理论变成具体、生动形象的图片、视频，增强可读性"①。这样，人们就可以通过手机、平板电脑等便携式通信工具随时随地接收各种信息，并可以在相关平台发表意见、观点，从而增强社会主义核心价值观的辐射力和影响力。

网络空间信息传播的开放性特点有助于社会主义核心价值观实现跨地区、跨国界传播，在与多样文化、多元价值交流中增强辐射力和影响力，促进社会主义核心价值观的创新发展。互联网打破了时空的限制，使人们置身于一个没有"围墙"的全球文化共存的空间，各民族、各地区、各国家文化之间的交流成为一种常态。各种文化都必须参与这种跨文化交流与互动。在这个过程中，必须以包容的心态尊重文化差异性，积极与其他文化进行对话和交流，尊重其他文化的理念、习俗、生活方式等；要加强文化交流与互鉴，展现自身文化的特色和优越性，从差异性文化中吸收、借鉴科学、合理的成分，丰富发展自身文化。互联网的发展为这种跨文化的交流与互动提供了极大便利。我们可以通过话语内容建设，丰富社会主义核心价值观话语体系，与西方各种意识形态和价值观念形成区分；借助各种网络传播手段，以图、文、声、像融合的方

---

① 吴丹：《新媒体时代怎样传播核心价值观》，《人民论坛》2018 年第 21 期。

式立体化向世界各国传播社会主义核心价值观，展现其魅力；加强理论队伍和宣传队伍建设，为社会主义核心价值观在网络空间的跨国界传播提供持久动力。这样，有利于社会主义核心价值观在跨文化交流中增强自身影响力。

网络空间文化跨国界交流的便利性也有利于社会主义核心价值观内容的创新。社会主义核心价值观与中国特色主义文化的关系表现为内容和形式关系，社会主义核心价值观内容的创新是中国特色社会主义文化创新的本质。在开放性的网络空间里，多样的文化和多元的价值共存，它们相互之间开展交流、对话的过程中，会实现互补、相互借鉴，进而实现文化融合。社会主义核心价值观具有高度包容性、科学性、先进性、时代性、亲和力和普适性，但其内容也要随着时代的发展不断完善。它在网络空间与其他文化和价值进行全方位交流、互动的过程中，可以充分展现自身优越性，同时还可以吸收借鉴人类文化发展一切优秀成果，完善自身内容和结构，使得社会主义核心价值观更加科学，更具先进性和普适性。此外，网络空间文化跨国界交流有利于丰富中华民族的民族精神与时代精神。当代中国精神集中体现为社会主义核心价值观，具体内容包括以爱国主义为核心的民族精神和以改革创新为核心的时代精神。从理论方面讲，社会主义核心价值观内容的创新就体现了民族精神和时代精神的本质创新。从实践的角度看，互联网的发展可以充分向世界展示中华民族的民族精神与时代精神，并在文化交流、互鉴中实现创新。近年来，中国举办了多个大型国际会议、赛事，成功应对了多个突发性事件和自然灾害，实现了多项重大科技突破，从抗洪救灾、抗震救灾的胜利，到奥运会、世博会和 G20 峰会等的成功举办，再到载人航天技术、运载火箭及卫星技术等领域的重大突破，充分展现了中华民族的民族精神和时代精神。当然，在跨文化交流过程中，我们也看到了其他国家、地区和民族的精神气质，看到了其他文化的优质内容。我们可以对这些内容进行科学、理性的辨识，通过创造性转化来丰富和发展我们的民族精神和时代精神。

四　网络发展能够为社会主义核心价值观认同机制建设提供技术支持

　　人类历史的发展表明，科学技术的重大突破和发展必将对人类社会发展的方方面面产生深刻影响，推进人类知识的发展和思想理论的进步。马克思主义发展史也表明，马克思主义的产生、发展和向新的阶段推进，同科学技术的发展和应用是紧密联系的。在此过程中，科学技术的发展不仅为马克思主义提供了知识基础和事实材料，还改进和完善了文化的传播方式，有效推动了马克思主义大众化时代化民族化。

　　社会主义核心价值观是马克思主义指导下当代中国主流意识形态的本质体现，是中国特色社会主义文化的核心内容。互联网技术发展在推进马克思主义创新发展和中国特色社会主义文化广泛传播的同时，也为网络空间社会主义核心价值观认同机制建设提供了条件。互联网作为人类发展的一项伟大技术创造，已经深刻改变了人们的生活方式、生产方式、交往方式，使人们的日常生活发生了革命性变化。网络发展产生了很多新的应用领域和事物，如网络论坛、即时通信、网络游戏、网络广告、电子商务、网上银行、微博微信、博客等，在丰富人们生活内容的同时，也为文化传播提供了新的途径。就网络空间社会主义核心价值观认同问题而言，网络的发展吸引了越来越多的人使用网络，为社会主义核心价值观认同主体的存在提供了平台；网络空间的开放性、平等性、交互性、虚拟性特点使得社会主义核心价值观在传播过程中增强了辐射力、影响力，并为其内容创新提供了空间；网络新媒体的发展为社会主义核心价值观的传播提供了新路径。这为社会主义核心价值观认同机制建设提供了技术支持。当前，我们正处于互联网技术持续发展的时代，人工智能、大数据、云计算将引领未来信息技术发展，将为网络空间社会主义核心价值观认同机制建设提供更大的技术支持。以大数据技术为例，它是当今时代技术发展的产物，是指"一种适应海量化、多样化和高增长率的信息资产的具有更强的决策力、洞察发现力和流程优化能力的新处理模式"①。我国已经将大数据列为第十三个五年规划纲要的发展

---

　　①　刘立新：《运用大数据优化社会主义核心价值观大众化宣传教育》，《思想理论教育导刊》2017年第12期。

战略，可以利用大数据技术为网络空间社会主义核心价值观认同机制的建设助力。当前，互联网、移动终端已经深刻影响了人们的生活，人们的衣、食、住、行很大程度上都需要借力互联网或移动终端。我们可以运用大数据技术了解人们对社会主义核心价值观的认同状况，分析研究网民的思想动态、兴趣爱好，针对性地出台传播社会主义核心价值观的优化方案，提高社会主义核心价值观传播的针对性和有效性，提高广大网民对社会主义核心价值观的认同度。总之，网络信息技术的发展可以为社会主义核心价值观认同机制建设提供必要的技术支持。

第二节　网络空间社会主义核心价值观认同机制建设面临的挑战

一　网络发展对青少年社会主义核心价值观认同产生了负面影响

网络发展给人们提供了一个全新的场域——网络空间。它给人们提供巨大便利，改变人们生活、学习和工作方式的同时，也产生了一些负面影响。其中，一种重要的方面就是网络信息传播过程中，不同的价值观念、文化模式将会使我国主流价值观的核心地位面临被消解的风险，影响青少年的社会主义核心价值观认同。

大学生是青少年群体中具有代表性的一部分，是国家最富有活力、创造力和生命力的一个群体，也是网民的重要群体。他们的价值理念、行动倾向深刻影响着国家的未来发展。这种影响是否有利，取决于大学生的价值取向能否与整个国家的主流价值观念相一致。培育和增强大学生对社会主义核心价值观的认同，能够帮助他们树立健康向上的价值取向，促进他们健康成长，也有助于他们将来走入社会后能够表正行端，为他们提供实现人生价值的奋斗动力，更有利于为国家发展提供有生力量。但是网络空间的开放性、虚拟性、平等性等特点使网络环境变得复杂多变。在此环境下，不同文化模式及其背后价值理念的广泛传播将影响大学生对社会主义核心价值观的认同。可以说，网络正深刻影响着社会主义核心价值观在大学生群体中的培育和践行。在各种价值理念的冲突中，网络不断解构大学生对社会主义核心价值观的认同，消解着社会主义核心价值观的核心地位。

为了了解网络环境下大学生对社会主义核心价值观认同的现实状况，我们通过问卷调查和访谈的方式，收集了网络环境下大学生对社会主义核心价值观基本内容的了解程度、基本内涵的理解程度、具体价值观的赞同程度及践行程度等数据。本次调查涉及天津大学、中国政法大学、河海大学、广西大学、浙江师范大学、河南师范大学、山东科技大学、山西传媒学院、临沂大学、金华职业技术学院、河南工业大学漯河工学院等十余所本科院校和高职院校，共有3340人参与调查，回收问卷3340份，有效率为100%。通过调查研究我们发现：社会主义核心价值观在大学生群体中的建设已基本步入正轨，发展态势趋向良好。通过问题"您对社会主义核心价值观基础内容的了解程度有多少？（单选题）"（见表2-1）的调查发现，网络环境下大学生对社会主义核心价值观的认同拥有良好的基础，有80%以上的大学生知道社会主义核心价值观的基本内容。

表2-1

选项	人数占比	选择人数
全都知道	72.03%	2406
只知道一部分	26.29%	878
完全不知道	1.68%	56

但是，网络环境下大学生对社会主义核心价值观的认同仍存在诸多问题，主要包括：第一，网络环境对大学生认同社会主义核心价值观的负面影响仍然较大。网络环境深刻影响着社会主义核心价值观的建设。"您认为网络对社会主义核心价值观传播与认同的影响程度是？"一题的回答情况表明，90%以上的大学生认为网络深刻影响着社会主义核心价值观的传播与认同，且这种影响的负面作用不容小觑。从"您认为网络对社会主义核心价值观传播与认同的具体影响体现在哪些方面？（多选题）"（表2-2）的回答情况可以发现，超过40%的大学生认为网络环境对社会主义核心价值观的传播与认同存在负面影响。调查显示，这种

负面影响具体表现为冲击大学生对社会主义核心价值观的认同、信任，阻碍大学生对社会主义核心价值观的理解。

表 2-2

选项（多选）	人数占比	选择人数
促进传播	59.64%	1992
促进理解	47.34%	1581
部分丰富内涵	52.13%	1741
冲击认同	41.14%	1374
冲击信任	46.20%	1543
阻碍理解	41.38%	1382
其他	0.39%	13

第二，网络环境下大学生在价值领域的从众现象较为严重。随着时代的发展，价值领域在网络环境下产生了新的特征。从受访大学生对"您认为网络环境下价值领域的特点是？（多选题）"（见表 2-3）的回答情况来看，76.68%的大学生认为网络环境下的价值领域呈现多样化的特征，而 46.59%的大学生认为多样化的背后存在着从众化现象。在进一步的访谈中，大部分大学生对"多样化"特点的解释是"网络环境下各类人都有机会发表自己的言论，这些言论传达出来的价值观念多种多样"。也有大学生认为，由于网络中传播的言论大多是"碎片化"的，不能完整地阐述一起事件的完整过程，加上大量网民"一边倒"的舆论特征，就造成了网络价值观念的"从众化"现象。此外，网络环境下价值领域的复杂化也表现为各种价值鱼龙混杂、碰撞融合的局面。

表 2-3

选项	人数占比	选择人数
简单化	26.29%	878
复杂化	43.74%	1461
消极化	18.35%	613

续表

选项	人数占比	选择人数
积极化	18.38%	614
多样化	76.68%	2561
从众化	46.59%	1556

第三，网络环境下大学生对社会主义核心价值观基本内涵的理解状况不佳。了解并记忆社会主义核心价值观的基本内容，只能说是浅层的思想意识上的认同。唯有深入理解社会主义核心价值观"24个字"的基本内涵，才能深化为发自内心的情感认同。综合"您对社会主义核心价值观三个层面基本内涵的理解程度是?"（见表2-4）的调查结果，不完全理解社会主义核心价值观基本内涵的人数占比仍然较大，基本徘徊在19%—34%之间。大学生理解程度最高的是"诚信"。但完全理解"诚信"的人数占比尚不足80%。值得指出的是，对于社会主义核心价值观的核心内容——"爱国"，虽然完全不理解它的人数占比最少，仅有0.78%，但是加上部分理解其内涵的人数占比就高达21.23%。在后续的访谈调查中，大学生们也纷纷表示社会主义核心价值观作为价值理念具有模糊性、抽象性，并且相关部门在宣传过程中也较少将其转化为具体、明晰的文字解释。大学生只能依据生活经验与典型榜样，自行摸索理解。这就导致在网络环境下，大学生难以对社会主义核心价值观的基本内涵构建清晰的理解框架。

表2-4

内容	完全理解	完全理解人数占比	不完全理解	不完全理解人数占比	不理解	不理解人数占比
富强	2211	66.20%	1081	32.37%	48	1.44%
民主	2177	65.18%	1064	31.86%	99	2.96%
文明	2357	70.57%	926	27.72%	57	1.71%
和谐	2335	69.91%	954	28.56%	51	1.53%
自由	2030	60.78%	1207	36.14%	103	3.08%

内容	完全理解	完全理解人数占比	不完全理解	不完全理解人数占比	不理解	不理解人数占比
平等	2293	68.65%	967	28.95%	80	2.40%
公正	2259	67.63%	983	29.43%	98	2.93%
法治	2317	69.37%	949	28.41%	74	2.22%
爱国	2631	78.77%	683	20.45%	26	0.78%
敬业	2567	76.86%	740	22.16%	33	0.99%
诚信	2650	79.34%	661	19.79%	29	0.87%
友善	2598	77.78%	715	21.41%	27	0.81%

第四，网络环境下大学生对社会主义核心价值观的践行停留在自发行动层面。价值观作为哲学认识论体系中的一个重要概念，其根本作用在于为人们提供方法论，指导人们的具体实践。对社会主义核心价值观的践行是大学生对社会主义核心价值观认同的根本表现。然而，"在日常生活中，您对社会主义核心价值观的落实程度是？"（见表2－5）一题的回答情况表明，仍有37.07%的大学生自觉践行社会主义核心价值观的程度较低。并且，根据后续的深入访谈，一些大学生认为日常生活的社会道德中就包含与社会主义核心价值观相同的内容。他们将无意识地自发遵守社会道德也纳入践行社会主义核心价值观之中。因此，42.66%的大学生认为自己对社会主义核心价值观的落实程度较高。实际上，网络环境下大学生对社会主义核心价值观的践行仍停留在自发行动层面，亟待提升为自觉行动。

表2－5

落实程度	人数占比	选择人数
1分	1.29%	43
2分	3.77%	126
3分	32.01%	1069
4分	42.66%	1425
5分	20.27%	677

从以上的调查和访谈分析可以看出，网络发展影响着青少年特别是大学生对社会主义核心价值观的认同。

当然，从现实生活的角度来看，网络发展对青少年价值观成长确实产生了巨大影响，进而对青少年的社会主义核心价值观认同形成了冲击。如今，互联网的普及程度越来越高，成为青少年获取学习资源和娱乐休闲的重要渠道。但由于青少年正处在价值观养成的关键阶段，很容易受到不良思想和不良生活习惯的影响。如一些青少年因自制能力差，以及相应家庭教育的缺失，对网络产生依赖，甚至陷入网络游戏不能自拔，染上了网络成瘾综合征和沉溺网络游戏的恶习。网络成瘾是指个体反复过度使用网络导致的一种精神行为障碍，表现为对使用网络产生强烈欲望，突然停止或减少使用时出现烦躁、注意力不集中、睡眠障碍等，其内容类型包括网络游戏成瘾、网络色情成瘾、网络关系成瘾、网络信息成瘾、网络交易成瘾。① 据中国青少年网络协会 2007 年度《中国青少年网瘾报告》估算，在中国 4000 万未成年网民中，"网瘾少年" 总数约为 400 万。2011 年，我国网瘾青少年约占青少年网民的 13.2%。网瘾青少年的上网目的更倾向于娱乐化，其中最主要的就是网络游戏和网络聊天。以网络游戏为例，青少年喜欢网络游戏是因为他们在游戏中可以实现成功扮演社会角色的内在要求。在网络游戏世界里，青少年可以以虚拟形式再现现实世界的社会角色或人际互动，使自己有一种获得感。尤其是在具有网瘾的青少年眼里，他们认为网络世界就是他们的生活，他们可以在这个"虚拟"的世界里创造出激动人心的情节，能使自己在屏幕的方寸之间穷尽宇宙，主宰世界。他们的网络游戏角色给自己提供了一个可以实现自我、释放自我的空间，可以实现内心深处的表现欲和征服欲。归根结底，是因为他们在现实世界得到的肯定和赞赏很少，希望在虚拟世界中实现自由的价值。这就容易造成具有网瘾的青少年产生身份认同的障碍。当他们沉溺于网络游戏的"天堂"不能自拔时，就会割断自己和现实世界的联系，就会误将网络世界当成现实世界，产生角色认同的混乱，导致角色混乱、反社会人格等问题。另外，

---

① 车美萍等：《全球化与当代中国文化形态》，山东大学出版社 2009 年版，第 292 页。

青少年网络成瘾或者长时间上网还会产生并发症，如生物钟紊乱、情绪低落、反应迟钝、食欲不振、精神萎靡，甚至催生轻视生命的行为，进而造成社会问题。网络成瘾引发青少年的身份认同障碍、性格和心理问题，以及各种并发症，会对青少年健康价值观的养成产生巨大影响，进而影响青少年对社会主义核心价值观的理解、认知和接受。

二　文化多样性和价值多元化环境造成了文化认同的模糊

全球化、网络化相互交织的时代，文化认同问题变得越来越重要。文化多样性、价值多元化是当今时代人类文化的主要存在形式。这种特点也因为互联网的快速发展和强大的渗透性反映在了网络空间。当人们面对多样文化和多元价值的时候，往往会产生文化认同的模糊，影响网络空间社会主义核心价值观认同机制的建设。

文化认同与国家认同、社会主义核心价值观认同是密切关联的。文化认同是个体成长的向导，是民族认同和政治认同的基石，也是提高国家文化软实力、建设文化强国的重要推动力①。文化认同是国家认同的基石，也是社会主义核心价值观认同的基础。中华文明是当代中国人文化认同的基体，也是社会主义核心价值观认同和国家认同形成的文化支撑。因此，当文化多样性和价值多元化造成文化认同模糊时，将影响社会主义核心价值观认同的效果。

当今世界，文化发展的首要特征是多样性。不同的学者按照不同的标准将世界文化区分为不同的种类，如历史哲学家斯宾格勒把世界文化区分为八种，历史学家和历史哲学家汤因比把世界文化区分为二十多种，等等。联合国教科文组织通过的《联合国教科文组织文化多样性宣言》从事实上表达了各国人民关于文化多样性及其重要影响的共识。从文化内容表现来看，文化多样性首先表现为西方文化、东方文化、非洲大陆的特色文化、犹太文化等，这些别样的文化在多样性中展示着自己的魅力，共同构成了当今世界的文化图景。其次，当今世界物质生产力发展为文化的发展提供了动力，产生了与特定时代和生产力发展相联系

---

① 沈壮海、王绍霞：《全球化背景下青年学生的文化认同》，《思想理论教育》2014 年第 3 期。

的文化内容。以互联网为基础的信息技术的发展，为人类文化的发展提供了巨大便利。它使文化转化成比特方式进行传播，极大地提高了文化传播的速度。互联网也催生了新的文化形态——网络文化，如21世纪以来很多新的文化现象出现在人们的生活中，"伊妹儿""美眉""吃鸡""贪玩蓝月""黑客""佛系""网红""呆萌"等新鲜词汇出现在人们的视野中，成为人们日常表达的新内容。"家庭办公"一族的出现，也是一种新的文化现象。再次，人们在网络空间进行文化体验时，也面临多种文化选择，如一个人在闲暇时间打开电脑，想看电影，进行选择时会根据电影种类、国别或者上映年代来挑选。选择不同主题的电影，将会感受不同的演绎风格；选择不同国别的电影，将会感受不同国家的文化，体验不同的价值理念；选择不同的上映年代，将会感受不同时期科学技术对电影技术发展的影响。最后，艺术的发展进程也深深打上了时代和科学技术发展的烙印。如当前绘画、雕塑、舞蹈、戏剧、音乐、影视等传统形式的艺术门类借助三维动画、电脑合成等技术呈现出全新的效果，电影电视节目中的特技镜头也都离不开电脑技术的处理和加工，等等。这些都是文化多样性的表现，而且文化多样性既借助网络信息技术实现内容和形式的丰富发展，也产生了新的文化样态。可以说，文化多样性已经成为当今时代文化发展的主要形式，而且它的内容、形式、主体范围和层次结构还在持续变化之中。

文化的核心内容是价值观，不同种类的文化具有不同的价值理念。文化多样性必然造成文化价值多元化，对社会主义核心价值观认同机制建设形成冲击，进而造成人们文化认同的模糊。文化认同是人们在社会性发展过程中对其所拥有的共同文化的确认，而共同文化的内容包括价值理念、思维方式、行为规范等。文化认同的确定性将促成人们对其在社会性发展中的"意义"认知的坚定，而文化认同的模糊性将造成人们社会性发展过程中的认同危机。可以说，文化认同是人们在社会性发展中"意义"形成的基础。当前，多样性的文化和多元化的价值对以往现实社会中人们在群体关系中建立的认同体系和意义结构形成了解构，引发了自我认同的危机。网络空间文化的多样化使得网络空间价值呈现出多元化特征，这集中表现为：网络社会价值多元化背景下网民比较直接地受到西方国家文化、信仰、制度和价值观念的影响，以及因网络信息传播便利而兴起的"小众话语"甚至错误论调对人们的主流价值观念形成冲击，动摇了网民原有的群体价值确认，产生文化认同危机，影响网民对社会主义核心价值观的认同。

具体来说，网络发展和网络文化的繁荣为人们提供了休闲娱乐的新途径，而网络的虚拟性、平等性、开放性等特点为人们在网络空间享受多样文化和感受多元价值提供了便利，也带来了文化认同的危机。当人们轻松地置身于网络空间时，原本在现实社会群体中形成的文化确认可能受到冲击。网络空间的文化无论从文化形态还是从文化内容来看都是多样性的，有精英文化、大众文化、科技文化、主流文化内容，也有跨越国界而涌入的各种其他类型文化如阿拉伯文化、非洲大陆文化、基督教文化、东正教文化等，以及各种西方思想如新自由主义、民主社会主义、保守主义等，还有各种错误的思潮如历史虚无主义、质疑改革开放的言论、虚假的西方新闻观、泛娱乐主义等。这些文化形态或文化内容都有各自的价值理念。而且网络空间信息呈现的立体化特点使得人们可能同时接受这些文化或价值观念的影响，进而产生文化认同的模糊，影响社会主义核心价值观认同的效果。就近年来网络文化中影响较大的泛娱乐主义思潮来看，网络通信技术的发展改变了文化的生产和传播方式、文化的形态和表现形式，并以强大的传播手段和传播方式促进网络文化的创新发展。在这种背景下，网络文化的泛娱乐化倾向成为突出特点，泛娱乐主义也成为影响网民价值取向的重要思潮。泛娱乐主义盛行带来的网络文化泛娱乐化现象泛滥，其对网民价值取向的影响更多表现为负面作用。以抖音、快手等直播平台为例，它们传播的海量内容多为"好玩""搞笑""低俗的恶搞"等。虽然这些内容里不乏温情、健康、正能量的短视频，但总体倾向是"泛娱乐化"的。而且从抖音、快手等直播平台的用户年龄结构来看，主体用户是95后，甚至00后。这个年龄阶段是青少年价值观养成的关键阶段，他们的自制力和辨别能力还不强，很容易受到不良信息或文化的影响。抖音、快手等直播平台传播的网络文化带有浓重的虚拟色彩，很容易动摇青少年在现实社会和正规教育体系中习得的主流价值观念和形成的价值确认，使他们陷入肤浅、虚幻的"泛娱乐化"文化中不能自拔。既有价值确认的动摇将造成文化认同的模糊，进而影响他们对社会主义核心价值观的认同。

三　文化交流的开放性对社会主义意识形态治理能力提出严峻挑战

网络信息技术的快速发展，以及网络空间的开放性、虚拟性、平等性等特点，使得超越传统国界的信息交流和传递更加便利、迅捷。国际信息交流的机会越来越多，内容也越来越繁杂，国内的信息交流互动也越来越复杂。网络空间信息交流互动的复杂性对以社会主义核心价值观建设为核心内容的社会主义意识形态治理能力提出了严峻挑战，进而影响了人们对社会主义核心价值观的认同。

习近平总书记在省部级主要领导干部学习贯彻十八届三中全会精神全面深化改革专题研讨班开班式的讲话中强调："推进国家治理体系和治理能力现代化，要大力培育和弘扬社会主义核心价值体系和核心价值观，加快构建充分反映中国特色、民族特性、时代特征的价值体系。"可以说，大力推进国家治理体系和治理能力现代化建设，必须坚守我们的价值体系，坚守我们的核心价值观。国家治理能力是指中国共产党运用经济、政治、文化、社会、生态文明和党的建设等各领域体制机制、法律法规安排、管理社会各方面事务的能力，包括改革发展稳定关系的处理、内政外交国防事务的建设、治党治国治军事务的管理等总体内容，也包括完成"四个全面"战略任务、搞好意识形态建设这项极端重要工作等具体工作的能力。加强社会主义意识形态治理能力是推进国家治理能力现代化的一项重要内容，而且由于社会主义核心价值观是社会主义意识形态的本质体现，所以加强社会主义核心价值观建设，增强社会主义核心价值观认同，成为社会主义意识形态建设的核心内容，可以为国家治理体系和治理能力现代化建设提供价值支撑和不竭动力。

网络空间社会主义意识形态治理面临的突出挑战是各种社会思潮的影响和文化霸权主义的渗透。就各种社会思潮的影响问题而言，表现为网络空间各种各样的思潮相互激荡造成人们价值选择的困惑和价值取向的多样性表现，对马克思主义的主流意识形态地位产生了冲击，对新时代我国社会主义意识形态的治理能力形成了挑战。

四 网络的虚拟性便利了文化帝国主义对社会主义核心价值观的侵袭

社会主义核心价值观是中国特色社会主义文化的本质体现，是当代中国先进文化的价值表达和精神实质，也是当代中国文化软实力建设的关键与核心。具体来说，文化是一个民族和国家文明与智慧的积淀，它蕴含的文化价值是一个民族群众意志的精髓，它的生存是民族和国家生存的前提条件。当一种文化受到外来文化冲击，造成该文化核心价值的动摇，甚至覆灭时，就会影响到国家的文化安全。当前，网络空间虚拟化的特点使信息跨越国界进行传播的成本和阻力降低，但也为文化帝国主义借助互联网大举向中国渗透提供了极大便利，对社会主义核心价值观的培育和践行形成了挑战。

文化帝国主义，又称文化殖民主义，是全球化的负面"衍生物"。全球化是一个全方位发展的过程，包含着经济、政治、文化等多方面的内容，因此，人类经济交往在全球化过程中得到扩大的同时，也伴随着文化形态的相互激荡和政治意识形态的碰撞。实际上，从一定意义上讲，全球化是"经济全球化"和"文化全球化"关联发展的过程，是借助于经济策略来实现文化整合的过程。从外在的表现看，文化全球化是一种显性的、强制推行的文化殖民主义，即文化帝国主义。文化帝国主义主要是指"以美国为首的西方发达国家，利用强大的文化工业，通过出口文化技术以及西方的新闻、电影、电视娱乐等形式，在大众文化层次上对其他国家特别是第三世界国家进行意识形态渗透和文化控制的现象"①。文化帝国主义主张以一种统一的文化价值观打造国际主流文化，推行文化同质化。

在全球化的进程中，文化帝国主义在网络发展的助推下已成为影响我国文化安全和冲击社会主义核心价值观的重要因素，它正以文化渗透、思想控制的方式，对我国展开全方位的文化入侵，企图侵蚀我国的社会主义核心价值观，实现美国文化对中国文化高地的占领。这主要表现为：

① 郭明飞：《网络发展与我国意识形态安全》，中国社会科学出版社2009年版，第107页。

第一，利用其强大的媒体力量，冲击中国文化。在二战结束之后，美国迅速成为了世界上新闻传媒最发达的国家。美联社、合众社、CNN、《华盛顿邮报》、《时代周刊》、《新闻周刊》、美国之音等一起组成了美国覆盖全球、无所不在的传统媒体和新媒体融合发展的传媒体系。它们事实上垄断了国际新闻的来源，决定着什么是"新闻"，报道什么和不报道什么，成为美国对外文化扩张的强力工具。

第二，通过互联网大规模地向中国输出精神文化产品。在电影市场上，美国利用中国打开文化大门的机会，借助雄厚的资金支持、高科技手段和先进的运作宣传方式迅速占领了中国市场，好莱坞电影中的各种主流题材，如 CIA 特工拯救世界、美军"解放"第三世界国家、外星人入侵地球、流浪汉与美女、警匪街头枪战等，其中大都表现着美国式的文化意识，包括个人英雄主义、享乐主义、浮士德精神、对上帝的信仰等。此外，美国的音乐、娱乐节目等文化产品也如潮水般涌入中国，现在中国流行的许多音乐风格和娱乐节目形式［如来自港台的流行音乐、内地（大陆）的超级女声等真人秀节目］都是来源于美国。这些文化产品正悄悄地影响着中国人的思想，对中国文化的维系形成了极大的威胁。

第三，利用互联网对中国进行文化渗透。美国以其资金、技术上的巨大优势牢牢掌握着"第四媒体"建设及信息发送的主导权。目前，美国文化占据了全球网上信息资源的90%。人们一进入因特网，就等于进入了美国文化的环境之中。"美国文化"对异质文化横加鞭挞，迫使别国人民接受其文化信仰和价值观念——"美国中心主义文化心理"和"以消费主义为中心的文化"。美国在互联网上一直扮演着输出者的角色，力图把自己的政治意识、政治观点强加于中国。这些信息的"单向"流入，严重冲击着我国的政治秩序和经济秩序，也对我国的文化安全造成很大威胁。

第三章 网络空间社会主义核心价值观认同机制建设的战略意义、原则和方法

随着科学技术的发展，人们已经置身互联网时代，网络空间也成为人们新的生存空间。网络空间是现实社会的延展，但又不同于现实社会，有其自身的特点和复杂性。鉴于此，我们必须以科学的态度正确分析网络空间社会主义核心价值观认同机制建设的战略意义。同时，还要遵循科学规律，阐明构建网络空间社会主义核心价值观认同机制的基本原则和方法。从而为在网络空间大力培育和践行社会主义核心价值观提供指导。

第一节 网络空间社会主义核心价值观认同机制建设的战略意义

一 推进国家治理体系和治理能力现代化建设的重要内容

党的十八届三中全会通过的《中共中央关于全面深化改革若干重大问题的决定》（简称《决定》）指出："全面深化改革的总目标是完善和发展中国特色社会主义制度，推进国家治理体系和治理能力现代化。"① 这是继工业、农业、国防、科技四个现代化之后的"第五个现代化"，

---

① 《中国共产党第十八届中央委员会第三次全体会议公报》，《人民日报》2013 年 11 月 13 日。

是新时代全面深化改革的必然要求，也是平稳推进中国社会转型的重要保障。同时，有关社会体制改革方面，《决定》指出："要加快形成科学有效的社会治理体制，确保社会既充满活力又和谐有序。"① 这是党的文件首次将"治理"概念与社会发展密切结合起来。网络空间是现实社会的延伸和拓展，而网络空间治理就是社会治理的重要内容，也是国家治理现代化建设的重要组成部分。通过在网络空间培育和践行社会主义核心价值观，使社会主义核心价值观内化为人们的价值规范和行为准则，有助于在网络空间凝聚价值共识，实现对网络空间的有效治理。

社会主义核心价值观与国家治理现代化之间具有特定的内在关系。国家治理现代化包含国家治理体系和治理能力现代化两方面内容。国家治理体系是在党领导下管理国家的制度体系，包括经济、政治、文化、社会、生态文明和党的建设等各领域体制机制、法律法规安排，是一整套紧密相连、相互协调的国家制度；国家治理能力则是运用国家制度管理社会各方面事务的能力，包括改革发展稳定、内政外交国防、治党治国治军等各个方面。② 二者是一个相辅相成的有机整体。推进国家治理体系和治理能力的现代化，"就是要使各方面制度更加科学、更加完善，实现党、国家、社会各项事务治理制度化、规范化、程序化，善于运用制度和法律治理国家，提高党科学执政、民主执政、依法执政水平"③。国家治理现代化是社会主义现代化的重要指标，也是实现社会主义现代化的重要支撑，是现代性的实践形式。社会主义核心价值观是社会主义现代化的本质规定，体现了社会主义现代化的价值取向，体现了现代性的社会主义属性。可以说，社会主义核心价值观和国家治理现代化，都是现代性在中国场域的体现。二者的不同之处在于，社会主义核心价值观是当代中国现代性的质性表达，而国家治理现代化是当代中国现代性的实践形式和内容。以社会主义核心价值观凝聚社会主义现代化建设共

---

① 《中国共产党第十八届中央委员会第三次全体会议公报》，《人民日报》2013年11月13日。

② 中共中央宣传部：《习近平新时代中国特色社会主义思想学习纲要》，学习出版社、人民出版社2019年版，第86—87页。

③ 廉丹、黄鑫：《推进国家治理体系和治理能力现代化——深入学习习近平总书记在2018年全国两会上的系列重要讲话之四》，《经济日报》2018年3月22日。

识，能够为推进国家治理体系和治理能力现代化，进而实现社会主义现代化目标提供精神向导和价值支撑。

国家治理现代化包含着网络空间治理现代化的内容。推进国家治理现代化是全面深化改革的总目标，是新时代中国特色社会主义建设的要求，其内容包含多个方面。当前，随着信息通信技术的发展，互联网已经与人们的日常生活产生了非常密切的联系，已经成为人们日常生活不可或缺的一部分。网络空间也成为人们活动的新场域。网络空间不仅仅是现实社会在网络中的投射，而且超出了现实社会范畴，具有了自身特有的内容和属性。在当代中国语境中，治理的层次包括全球治理（超国家）、国家治理、社会治理（次国家）、机构治理（法人）；治理的领域包括政治建设、经济建设、社会建设、文化建设和生态文明建设。[①] 网络空间治理是社会治理的新领域，也是新时代社会治理的前沿阵地。推进国家治理体系现代化就必须实现网络空间各项事务治理的制度化、规范化、有序化。推进网络空间治理体制和治理能力现代化是推进国家治理体系和治理能力现代化的重要一环。为此，必须发挥社会主义核心价值观在网络空间治理中的引领作用。在网络空间大力培育和践行社会主义核心价值观，凝聚社会主义核心价值观共识，有助于抵御各种错误思潮的渗透，捍卫人们的正确价值立场，维护网络空间安全，能够为实现网络空间治理体制和治理能力现代化提供价值引领和精神支持。因此，在网络空间构建社会主义核心价值观认同机制，是推进国家治理体系和治理能力现代化的重要内容。

二　增强文化软实力，建设社会主义文化强国的战略需要

随着时代的发展，"软实力"在国际竞争中的作用越来越突出。"软实力"的内容包括："国域（民族）文化的吸引力和感染力、意识形态和政治价值观的吸引力、外交政策的道义和正当性、处理国家间关系时的亲和力、发展道路和制度模式的吸引力和对国际规范、国际标准、国际机制的导向制定的控制能力以及国际舆论对一国国际形象的赞赏和认

[①]　张小劲、于晓虹主编：《推进国家治理体系和治理能力现代化六讲》，人民出版社2014年版，第13页。

可程度。"① 对此，党的十九大报告指出，"要坚持中国特色社会主义文化发展道路，激发全民族文化创新创造活力，建设社会主义文化强国"②。

文化是软实力提升的重要依托。"文化软实力是指文化在社会发展中的能力，其作用是间接的、隐性的、潜移默化的，需要长时间才能起到效果。对个人而言，它通过文化教育，将社会公德、家庭美德、职业道德和个人的品德内置于心，并通过实践将社会的要求变成自己的要求，从而形成符合社会发展的世界观、人生观和荣辱观等，为自己的行为指引方向，提供精神动力和智力支持。对于一个国家而言，它能营造出宽松、和谐的社会环境，制定出民主的制度、优秀的文明成果等来增强自己的实力，增强自己的影响。"③ 文化从不同的维度对人类社会发展发挥着重要作用，它是人类文明的基石，它凭借自己的力量，引领人类文明的发展，将信心和光明传递到人们的心灵深处；文化是人类的灵魂，它使人类告别荒蛮，走进文明的时代；文化是引领社会进步的旗帜，它以广泛的影响力，规定了人类生命进行曲的格调；文化是释放民族凝聚力的源泉，它牵引着民族文化活动的发展，是民族社会成员的精神家园；文化是一种调节人性全面发展的平衡力，推动着社会的进步，维护着社会的繁荣与稳定。

社会主义核心价值观是中国特色社会主义文化的精髓和价值表达，是文化软实力和文化强国建设的核心内容，统摄和支配着文化软实力建设的品质和方向，是提升文化软实力的关键。可以说，大力培育和践行社会主义核心价值观，创新社会主义核心价值观内容，进而推动文化价值观念的创新，激发文化创新创造活力，是软实力竞争的制胜之道。因此，通过与时俱进创新社会主义核心价值观内容，进而推动文化核心价值更新，是提升文化软实力的根本。一种文化有没有竞争力，关键在于

---

① 唐晋主编：《大国策：通向大国之路的中国软实力——文化产业发展战略》，人民日报出版社2009年版，第40页。

② 习近平：《决胜全面建成小康社会　夺取新时代中国特色社会主义伟大胜利——在中国共产党第十九次全国代表大会上的报告》，人民出版社2017年版，第41页。

③ 陈飞、柳卫东：《提升文化软实力的战略意义》，《重庆科技学院学报》（社会科学版）2009年第1期。

这种文化有没有活力，在于能不能被当代人接受和认同，而决定这一切的就是该文化价值观生命力的强弱。中国文化正是在不断创新中前进的，中国的软实力也是在文化核心价值创新中逐渐提升的。近代历史上，中国文化面临着两次大的转向，第一次转向是由发生在 20 世纪初的新文化运动引起的。新文化运动中，许多激进的知识分子开始以"重新估定一切价值"的眼光对许多问题进行讨论，在民主与科学的旗帜下对中国传统文化进行猛烈的抨击，在当时社会掀起了巨大的波澜，促进了全社会的思想解放，使中国文化真正与世界接轨，融入了世界文化发展的潮流，促成了中国文化由传统向现代的转向。

　　当前，在全球化的背景下，中国文化面临着第二次重要转向，面临着由盲目崇拜西方到中国文化本位的转向，由文化精神性到文化产业性的转向，由精英文化到大众文化和网络文化的转向。而且，网络文化作为一种新的文化范式，是网络空间的核心文化形态。提升网络文化品质，创新网络文化价值理念，引领网络文化发展方向，也成为我国文化软实力建设的重要内容。因此，我们依然要坚持"以社会主义核心价值观内容创新，引导文化核心价值创新是提升文化软实力的根本"的观念，在保持原有文化基本价值观和文化传统的基础上，不断进行文化核心价值观的创新，特别是大众文化和网络文化的自我调适和发展，最终成功实现中国文化的第二次转向，提高中国文化软实力。由此可见，面对日益激烈的国际竞争，要想提升本国的文化软实力，增加在国际舞台上竞争的筹码，就必须在网络空间大力培育和践行社会主义核心价值观，创新社会主义核心价值观的内容，进而推动文化核心价值和网络文化形式创新，从根本上激发中国文化的竞争活力，适应残酷的国际竞争形势。

三　加强社会主义主流意识形态建设的迫切需求

　　习近平总书记指出："意识形态工作是党的一项极端重要的工作，是为国家立心、为民族立魂的工作。"① 意识形态工作做得好坏，关乎党

---

① 中共中央宣传部：《习近平新时代中国特色社会主义思想学习纲要》，学习出版社、人民出版社 2019 年版，第 140 页。

和国家事业的前途，关乎民心向背。在当代中国意识形态领域，存在多种意识形态和多元社会思潮，相互争夺话语权。这对社会主义主流意识形态形成了冲击和挑战。这种情况也直观地反映在网络空间。在网络空间构建社会主义核心价值观认同机制，增强社会主义核心价值观认同，是有效化解主流意识形态风险，巩固社会主义主流意识形态地位的迫切要求。

在当代中国语境中，社会主义主流意识形态是"作为社会主义意识形态主体的马克思主义的存在方式"①。它寓于中国特色社会主义文化之中，并通过各种文化形式表达出来。当前，在网络信息技术发展的推动下，社会主义主流意识形态获得了发挥作用的新空间——网络空间，也有了发挥作用的新载体——网络文化及各种新媒体。但是，互联网的发展和网络空间及新媒体的形成，为社会主义主流意识形态发挥作用提供了新场所和新途径，但也使其遭到各种冲击和挑战，动摇了社会主义主流意识形态的地位。当前，全球化的浪潮迅速发展，多元文化冲突已成为一个热点问题。多元文化之间的矛盾与冲突为我国主流意识形态建设提供发展机遇的同时，也给我们带来了前所未有的威胁，如：自由主义思潮的泛滥、民主化浪潮的冲击和意识形态终结论的影响，都在很大程度上淡化了我国主流意识形态的社会认同。另外，急剧的社会转型也给我国主流意识形态建设带来了巨大挑战。当改革与发展进入关键时期，改革的共识在一定程度上被削弱，其作为意识形态话语的魅力也相对淡化。这种冲击和挑战在现实社会和网络空间都直接地体现了出来。在这种严峻国际国内形势的挑战下，如何平息人们心中的疑问，为深化改革凝聚新的共识，在改革的波峰浪谷和各种思想文化的激荡中巩固社会主义意识形态的主导地位，成为当前我国主流意识形态建设面临的重大课题。

为此，需要通过凝聚社会主义核心价值观共识，来捍卫社会主义主流意识形态的权威性、主导性，增强社会主义主流意识形态的感召力、吸引力和凝聚力。针对网络空间社会主义主流意识形态面临的冲击和挑

---

① 赵勇：《社会主义意识形态功能研究》，上海人民出版社 2012 年版，第 54 页。

战，我们要通过在网络空间构建社会主义核心价值观认同机制，增强人们对社会主义核心价值观的认同感，发挥社会主义核心价值观引领多元社会思潮，抵御多种错误甚至敌对意识形态的挑战，巩固社会主义主流意识形态的地位和作用。社会主义核心价值观是社会主义意识形态的本质体现，具有凝心聚力、育人铸魂的作用。社会主义核心价值观指导下的文化价值观念创新是巩固主流意识形态主导地位的关键举措，也是培育和践行社会主义核心价值的核心工作。因此，面对当前我国主流意识形态建设中存在的各种挑战，为了保护和巩固社会主义主流意识形态的主导地位，维护国家意识形态安全，增强社会主义主流意识形态的吸引力和凝聚力，必须在网络空间加强以社会主义核心价值观指导网络文化的价值观念创新，丰富网络文化形式，扩大社会主义核心价值观的辐射面、影响力，进而维护社会主义主流意识形态的地位。这是加强社会主义主流意识形态建设的迫切要求。

四　推动新时代中国特色社会主义发展的内在要求

习近平总书记在党的十九大报告中指出："经过长期努力，中国特色社会主义进入了新时代，这是我国发展新的历史方位。"① 这意味着自鸦片战争以来，中华民族迎来了从站起来、富起来，再到强起来的伟大飞跃。"新时代"是对中国特色社会主义和当代中国发展实践特征的新概括，也是对当代中国所处历史方位的客观描述，还包含着中国人民在中国特色社会主义发展新阶段的价值诉求。这种价值诉求直接体现在社会主义核心价值观对新时代中国特色社会主义的本质规定中。社会主义核心价值观从国家、社会、公民三个层面对"新时代建设什么样的社会主义，怎样建设社会主义"的问题做了规范性解读，为新时代中国特色社会主义指明了发展方向。因此，大力推进新时代中国特色社会主义发展，需要增强社会主义核心价值观认同，凝聚社会主义核心价值观共识，进而转化为人们投身中国特色社会主义建设的热情。

新时代中国特色社会主义彰显了多重意蕴。从中华民族自身发展的

---

① 习近平：《决胜全面建成小康社会　夺取新时代中国特色社会主义伟大胜利——在中国共产党第十九次全国代表大会上的报告》，人民出版社 2017 年版，第 10 页。

角度来看，1840 年以来面对"救亡"与"振兴"两大难题，各种进步力量都试图采用相应方案帮助中国解决问题，但是只有中国共产党按照将马克思主义基本原理与中国实践相结合的方案，带领中国人民实现了民族独立、人民解放，并在人民幸福和国家振兴的道路上阔步前行。中华民族在社会主义道路上相继实现了站起来、富起来，正走在强起来的征程上。可以说，新时代中国特色社会主义开启了中华民族迈向振兴的新时代。从社会主义发展史的角度来看，新时代中国特色社会主义彰显了社会主义在 21 世纪的生命力。社会主义在发展的过程中，实现了两次飞跃。第一次是 1848 年 2 月《共产党宣言》的发表，标志着社会主义由空想变成了科学。第二次飞跃是，1917 年俄国十月革命胜利后建立了世界上第一个社会主义国家，标志着社会主义由理论变成了现实。之后，现实社会主义经历了发展、联合，到 20 世纪 90 年代陷入了挫折，至 21 世纪出现振兴的迹象。在此过程中，中国特色社会主义的形成和发展为世界社会主义的发展注入了活力，展现了社会主义的强大生命力。新时代中国特色社会主义是中国共产党坚持科学社会主义基本原则，并结合国际国内复杂多变的环境，对社会主义发展规律、共产党执政规律和人类社会发展规律全新认识的产物。从世界近现代历史发展的角度来看，从人类社会远离黑暗中世纪的那一刻起就开启了现代化的进程，西方诸多国家比较早地开始并实现了现代化。也因为这样，西方国家实现现代化的方案慢慢被神化为通向现代化的"唯一方案"。然而，中国特色社会主义的成功实践向世界展示了社会主义现代化方案的可行性和科学性。社会主义现代化的方案帮助中国这样一个经济文化比较落后和起点比较低的国家在现代化的道路上取得了巨大成就，并指导中国迈上强起来的征程。由此可见，无论从中华民族和社会主义发展史的角度，还是从世界近现代历史发展的角度来看，新时代中国特色社会主义都彰显了深刻的意蕴。

社会主义核心价值观体现了新时代中国特色社会主义的本质内涵和价值取向。新时代中国特色社会主义建设包括多方面的内容，其总任务是实现社会主义现代化和中华民族伟大复兴，在全面建成小康社会的基础上，分两步在 21 世纪中叶建成富强民主文明和谐美丽的社会主义现代化强国；其内容是实现中国特色社会主义政治、经济、文化、社会、生态文明"五位一体"总体布局的协调发展和"四个全面"战略布局的整体推进。社会主义核心价值观三个层面的内容对新时代中国特色社会主义的总任务、总体布局和战略布局形成了明确的指导。社会主义核心价值观回答了"我们要建设什么样的国家、建设什么样的社会、培育什么样的公民的重大问题"①。社会主义核心价值观内容契合了新时代中国特色社会主义的目标要求和实践需求。如"富强、民主、文明、和谐"内含着社会主义现代化强国和中华民族伟大复兴的具体目标，"自由、平等、公正、法治"能够为新时代中国特色社会主义总体布局和战略布局的开展创造良好环境，"爱国、敬业、诚信、友善"能够为新时代中国特色社会主义事业的平稳推进汇聚人心，凝聚力量。

网络空间是新时代中国特色社会主义实践的新场域，需要社会主义核心价值观发挥价值引领、汇聚人心的作用。互联网深刻影响着人们的日常生活。目前，我国互联网普及率达到了 61.2%，网民规模达到了8.54 亿。可以说，凝聚广大网民的力量，增强广大网民对新时代中国特色社会主义发展的信心，调动他们投身新时代中国特色社会主义实践的热情，能够为推进新时代中国特色社会主义提供强大动力。社会主义核心价值观是当代中国精神的集中体现，凝结着全体人民共同的价值追求，体现着新时代中国特色社会主义的本质要求。因此，加强网络空间社会主义核心价值观认同机制建设，增强网民对社会主义核心价值观的认同，凝聚价值共识，汇聚人心，是新时代中国特色社会主义发展的内在要求。

五　建设清朗网络空间，构建网络空间命运共同体的核心工程

互联网的崛起和发展是 20 世纪下半叶的一个重要事件，而且是一个重要的全球性事件。当前，互联网已经深刻融入了人们的日常生活，也改变着人们生存环境中的许多事情。也因此，我们已经步入了一个激动人心的网络时代。它正将所有的事物联系起来，并使这些事物之间发生

---

① 《习近平谈治国理政》，外文出版社 2014 年版，第 168—169 页。

了相互关系。可以说，互联网对人类的社会生活有着实质性影响，已经成为人们日常生活不可或缺的新的沟通渠道与生活空间。然而，在这个全新的场域中，网络空间治理和网络安全工作成为重要的基础性工程，对国家发展和社会进步起着至关重要的作用。而建设清朗网络空间，构建网络空间命运共同体的核心工程是在网络空间构建社会主义核心价值观认同机制，增强广大网民对社会主义核心价值观的认同。

建设清朗网络空间，构建网络空间命运共同体是做好网络空间治理工作和维护网络安全的目标。互联网在现实生活中的影响越来越大，已经成为重塑社会结构的基本力量。信息技术的支配性功能和作用以网络组织为依托得到了充分体现。网络空间为信息技术的支配性功能和作用发挥提供了实践场域。但由于网络空间具有虚拟性、开放性、平等性、民主性等特点，信息技术的掌握者身份也是多样的，他们在网络空间的行为和制造、传播的信息也是多样，甚至是复杂的。这对网络空间治理和网络安全工作带来了挑战。如网络恐怖主义的兴起。美国联邦调查局（FBI）将网络恐怖主义定义为"一些非政府组织或秘密组织对信息、计算机系统、计算机程序和数据所进行的有预谋、含有政治动机的攻击，以造成严重的暴力侵害"[1]。网络恐怖主义势力通过网络串联或者在网络上发布各种信息，将现实的恐怖行动与网络空间的恐怖信息结合起来，对国家安全形成了挑战。这些暴恐视频、新闻对网民的心理形成了巨大冲击，这些网络恐怖主义事件对国家关键设施、人民的生命和财产安全、国家安全造成了破坏和形成了巨大负面影响。再如网络成瘾问题对青少年的心理、行为、意识、价值观以及文化认同产生的负面影响，这种负面影响集中表现为使部分青少年判断力丧失、主体行为迷乱、人格异化等。因此，面对网络空间各种影响国家安全，扰乱甚至误导广大网民认知的现象，必须建设清朗网络空间，构建网络空间命运共同体。对此，党的十九大报告指出：要"加强互联网内容建设，建立网络综合治理体系，营造清朗的网络空间"[2]，而且"网络空间是人类共同的活动空

---

① 郭明飞：《网络发展与我国意识形态安全》，中国社会科学出版社 2009 年版，第 104 页。

② 习近平：《决胜全面建成小康社会　夺取新时代中国特色社会主义伟大胜利——在中国共产党第十九次全国代表大会上的报告》，人民出版社 2017 年版，第 42 页。

间，网络空间前途命运应由世界各国共同掌握。各国应该加强沟通、扩大共识、深化合作，共同构建网络空间命运共同体"①。

建设清朗网络空间，构建网络空间命运共同体，首要任务就是以社会主义核心价值观引领网络文化发展，加强互联网内容建设。对此，习近平总书记在网络安全和信息化工作会议上的讲话中指出："要依法加强网络空间治理，用社会主义核心价值观和人类优秀文明成果滋养人心、滋养社会，做到正能量充沛、主旋律高昂，为广大网民特别是青少年营造一个风清气正的网络空间。"② 社会主义核心价值观是当代中国精神的集中体现，也是全人类共同价值和文明成果的具体表现形式。从网络文化与社会主义核心价值观的关系来看，社会主义核心价值观是网络文化的核心内容，网络文化是社会主义核心价值观的表现形式。以社会主义核心价值观引领网络文化发展，加强互联网内容建设，就需要以社会主义核心价值观引领网络空间多样社会思潮和多元化价值，将社会主义核心价值观的内容进行创造性转化，从内容设置、制度建设、载体规范等各个层面对微博、微信、网站、博客等各个领域内容进行引导，为广大网民创造一个清朗的网络空间。社会主义核心价值观发挥这种作用的关键环节就是在网络空间构建社会主义核心价值观认同机制，增强网民对社会主义核心价值观的认同。因此，在网络空间构建社会主义核心价值观认同机制，是建设清朗网络空间，构建网络空间命运共同体的核心工程。

第二节　网络空间社会主义核心价值观认同机制建设的基本原则

一　坚持马克思主义根本指导与繁荣网络文化相结合

马克思主义是我们党从事理论和实践活动的根本指导思想，也是构建社会主义核心价值观的根本指导思想，更是当代中国各种文化形态和社会主义意识形态的旗帜和灵魂。在网络空间构建社会主义核心价值观

---

① 《习近平在第二届世界互联网大会开幕式上的讲话》，2019 年 3 月 1 日，http：//www. xinhua-net. com/politics/2015 – 12/16/c_1117481089. htm.

② 习近平：《在网络安全和信息化工作座谈会上的讲话》，《人民日报》2016 年 4 月 26 日。

认同机制的目标是实现广大网民对社会主义核心价值观的正确认知、自觉同化、真正内化。社会主义核心价值观被广大网民认知、同化和内化的过程，也是马克思主义指导地位在网络空间夯实的过程。这一过程的完成，需要借助网络文化的各种形式。可以说，网络文化的繁荣发展可以为马克思主义指导地位在网络空间的确立和巩固提供支持。因此，在网络空间大力培育和践行社会主义核心价值观，必须坚持马克思主义指导地位与繁荣网络文化相结合的原则。

坚持马克思主义指导地位，推动文化繁荣发展，是中国共产党确立文化领导权的根本举措。这一举措的正确实施也反过来推动着文化的繁荣发展。"文化领导权"是葛兰西提出的一个重要概念。他认为无产阶级及其政党要真正取得领导权，除了要夺取政权之外，还要肩负起开展意识形态和文化方面斗争的任务，以此使自身的政治纲领、思想观点等被广大群众所接受并产生指导作用，即要取得文化领导权。"文化领导权"概念实质上表明的是一种思想的社会关系，即某一阶级或社会集团的世界观、道德观等思想理论主张，在社会精神领域中占支配地位而体现出的一种精神力量。① 中国共产党领导中国革命以来的历史证明，坚持以马克思主义为指导是推动中国文化创新发展的行动指南和思想保证，是使马克思主义在社会精神领域体现为一种支配性精神力量的基础工程。正是因为马克思主义在中国的广泛传播并与中国工人运动相结合，才有了中国共产党的诞生；正因为中国共产党坚持创造性地将马克思主义基本原理与中国具体实际相结合，才有了新民主主义革命的胜利和中华人民共和国的成立，才有了社会主义制度确立和中国特色社会主义的形成，才有了当代中国经济、政治、文化、社会、生态文明各领域的繁荣发展，才使中国特色社会主义文化的繁荣发展有了根与魂。当前，坚持马克思主义指导地位也是推进新时代中国特色社会主义的根本保障，能够确保新时代中国特色社会主义事业沿着正确方向发展，是中国特色社会主义文化创新发展的思想活力和动力源泉。

马克思主义在不同的历史时期有不同的理论形态。马克思主义中国

---

① 赵勇：《社会主义意识形态功能研究》，上海人民出版社 2012 年版，第 88 页。

化的最新理论成果是中国特色社会主义理论体系。当前，坚持马克思主义的指导地位，要落实到多个层面。首先，坚持以马克思主义指导中国特色社会主义实践。我们要用马克思主义提供的正确世界观和方法论，在利益横生的经济社会中认清发展的大势，在鱼目混珠的社会思想意识中分清主流和支流，在错综复杂的社会现象中认清本质，把握方向，推动改革开放和社会主义现代化建设的深入发展。其次，坚持马克思主义在意识形态领域的指导地位，以指导思想一元化统领价值思想多元化。我们要保证马克思主义在一切重大理论性、原则性问题上的指导地位，要从实际出发，在实践中不断丰富和发展马克思主义。最后，坚持用马克思主义的最新理论成果武装广大干部和群众，重视对他们的马克思主义信仰教育。

新时代，我们在网络空间构建社会主义核心价值观认同机制，依然要坚持以马克思主义为指导，推动中国特色社会主义文化繁荣发展，尤其是网络文化的繁荣发展。网络文化是在互联网发展基础上产生的一种新型文化形态。它是"以计算机互联网和现代通信技术为基础，以虚拟网络空间为存在形式的现代新型文化形态，这种文化形态是对现代社会经济、政治和社会心理发展状态的反映，也是对现实社会和传统历史文化的再造和继承，网络文化所创造的'虚拟世界'和'现实世界'的文化互动，带来了人的生存方式的深刻变革"①。网络文化是社会主义核心价值观及作为其指导思想的马克思主义在网络空间发挥效用的载体。在网络空间大力培育和践行社会主义核心价值观一定要坚持马克思主义的指导地位，推动网络文化繁荣发展，实现网络文化与其他文化形态（主导文化、精英文化、大众文化和科技文化）的互动发展。

究其原因：首先，网络文化面临的严峻挑战需要坚持马克思主义指导地位。网络文化面临多重挑战，其中最突出的就是文化帝国主义的渗透。随着全球化的深入发展，文化帝国主义作为全球化的衍生物，在以美国为代表的发达国家的控制下已经在全球范围内蔓延。文化帝国主义的实质是强势文化对弱势文化的殖民，外来文化对国内文化的消解。发

---

① 李文明、吕福玉：《网络文化通论》，学习出版社 2012 年版，第 22 页。

达国家企图通过网络、电视、报纸、杂志和移动通信等多种文化载体将代表其文化核心的价值观向广大发展中国家宣传和推销，企图在潜移默化中移植本国文化价值观于弱势文化的受众群体，最终达到文化同质化的目的，为实行"和平演变"奠定思想基础。网络空间作为新的一维空间，已经成为文化帝国主义借以发挥作用，实现对我国网络文化进行渗透的有效工具。因此，面对西方文化的强势入侵，面对西方国家的别有用心，我们必须以马克思主义作为一切工作的行动指南，发挥马克思主义的统领作用。马克思主义是我们立党立国的根本，也是指导网络文化发展的根本，我们必须坚持以马克思主义为指导，守住网络文化的精神之根。

其次，网络文化是在网络空间保证马克思主义根本指导地位的生命线，而马克思主义是我国网络文化建设的导航仪。对二者相互关系的正确处理关系到网络空间的安全状态，关系到网络文化的发展方向。网络文化是社会主义核心价值观指导下的文化形态，是在网络空间坚持马克思主义指导地位的有效载体。在网络空间大力培育和践行社会主义核心价值观，加强社会主义主流意识形态建设，确保和维护马克思主义的根本指导地位，必须推动网络文化的繁荣发展。要发展民族的、科学的、大众的、多样的网络文化，要在创新文化价值观的基础上，推动文化形式、载体和体制的创新，使社会主义核心价值观融入各种网络文化形式之中，使广大网民真真切切地感受到先进网络文化的独特魅力。只有如此，才能增强网络文化的吸引力，才能为在网络空间培育和践行社会主义核心价值观奠定思想基础，才能从根本上维护马克思主义的指导地位。

二　坚持以人民为中心

以人民为中心是习近平新时代中国特色社会主义思想的核心内容，是贯穿于各个部分的灵魂。在推进新时代中国特色社会主义实践进程中，必须坚持以人民为中心的原则。在网络空间大力培育和践行社会主义核心价值观，营造清朗网络空间，是当前中国特色社会主义实践的重要内容，也要坚持以人民为中心的原则。对此，习近平总书记在2016年

4 月 19 日网络安全和信息化工作座谈会上指出："网信事业要发展，必须贯彻以人民为中心的发展思想。"①

"以人民为中心"的思想具有深厚的理论渊源。马克思主义以人为本的思想是其理论基础。马克思、恩格斯在《共产党宣言》中通过对资产阶级人本观的批判，指出无产阶级要消灭私有制，建立自己的权利体系，建立自己的新型政权，才能有效保障无产阶级的人权。在此基础上，工人阶级将创造一个消灭阶级和阶级对立的联合体来代替旧的资产阶级社会，而代替资产阶级旧社会的，将是以个人自由为一切人自由发展的条件的联合体。毛泽东吸收马克思、恩格斯、列宁等思想家的人本思想，形成了自己的人本思想，并在中国新民主主义革命、社会主义革命和建设中实践了这一思想。毛泽东人本思想内容包括，重视人民的地位，认为人民是创造世界历史的动力；重视人民的权力，主张在中国政治发展过程中实现人民当家作主，要使党和国家权力机构永远成为社会的公仆；重视人民的利益，主张中国共产党要坚持全心全意为人民服务的宗旨。在新民主主义革命时期，毛泽东的人本思想与中国人民争取解放、获取自由联系在了一起，而在社会主义革命和建设时期，这种思想则与中国人民争取生存权、发展权和自主权联系在了一起。邓小平的人本思想体现了鲜明的人民性。正如江泽民同志在党的十五大报告中指出：邓小平是伟大的马克思主义者。他把毕生心血都献给了中国人民，一切以人民的利益为出发点和归宿。就其人本思想的内容来看，他认为人民是社会活动的价值主体，是社会生产和社会活动的推动者；要使人民成为社会活动的评判主体，把人民的利益作为价值标准，以人民的利益和需要为标准去开展工作，进行价值评价。正是在这一思想的指导下，邓小平迎难而上解决了改革开放和社会主义发展进程中的一系列重点难点问题，由此开创了一个新时代，引导中国人民开创了中国特色社会主义事业，真正走上了建设社会主义的现代化道路。党的十八大以来，习近平总书记在坚守马克思主义人本思想的基础上，创新性发展了这一思想，形成了"以人民为中心"的思想。其内容包括：目标宗旨

① 习近平：《在网络安全和信息化工作座谈会上的讲话》，《人民日报》2016 年 4 月 26 日。

观、历史动力思想、人民利益至上思想、以人民为中心的发展思想、保障改善民生思想、人民当家作主思想、群众路线思想、文化使命观、造福世界人民思想。① 可以说，这一思想坚持了马克思主义人本思想的根本立场和观点，并突出了时代特点。

以人为中心的思想包含着丰富的内容，对新时代中国特色社会主义实践具有根本指导意义。因此，在网络空间构建社会主义核心价值观认同机制的过程中，要把以人民为中心的思想落实到各项具体工作中。如在网络空间传播社会主义核心价值观要根据网民接受信息的偏好，将社会主义核心价值观的传播与合理阐释网民关注的热点难点问题结合起来，并以网民喜闻乐见的方式进行传播，引起网民对社会主义核心价值观认知、理解和自觉内化的共鸣，实现社会主义核心价值观传播与网民对之认同的同频共振；要丰富社会主义核心价值观传播的方式方法，利用各种新媒体全方位、立体化地传播社会主义核心价值观，针对网民上网的高峰时段、网民经常性的网络活动和不同年龄阶段网民接受新事物的特点，选择适当的方式对他们进行宣传，使社会主义核心价值观传播达到"润物细无声"的效果，等等。

三 坚持指导思想一元与价值思想多元并存

这一原则具体内容就是如何处理好指导思想与价值思想的关系。在网络空间构建社会主义核心价值观认同机制，最终是要实现网民将社会主义核心价值观内化为自己的价值准则和行为规范，进而增强社会主义主流意识形态在网络空间的指导地位。在此过程中，必须正确认识指导思想一元化和价值思想多元化的关系。承认当前网络空间价值思想的多元化是坚持指导思想一元化的现实依据，坚持指导思想一元化是倡导多种进步的价值思想健康发展的根本保证。我们在对待指导思想一元化和价值思想多元化问题上，不能产生任何片面性的认识，不能否定指导思想的一元化，使多元的价值思想成为消解主流意识形态的因素；也不能否认价值思想的多元化，使一元化的指导思想失去事实依据和现实依据。

---

① 于向东：《以人民为中心思想的深刻内涵》，《光明日报》2018 年 7 月 26 日。

　　坚持指导思想一元化就是要坚持马克思主义在意识形态领域的指导地位。从理论上看，这是由我国当前的所有制结构决定的。经济基础决定上层建筑，在社会主义市场经济条件下，我国实行公有制为主体，多种所有制共同发展的经济制度，公有制占主体地位是社会主义的根本特征，因此只能以马克思主义为根本指导思想。马克思主义具有与时俱进的品质，它能够在不断发展、变革中丰富自身的理论体系，能够为网络空间社会主义核心价值观建设提供坚定的思想支持。在当代中国，坚持马克思主义，从本质上讲就是要坚持发挥社会主义核心价值观凝心聚力的作用。

　　倡导价值思想多元就是在马克思主义的指导下，引导人们的价值取向、思想观念和思维方式呈现多元化的趋势。社会主义市场经济的确立、多种所有制结构的并存，使得反映不同所有制关系、不同利益主体价值思想的出现成为不可避免的现象。马克思曾指出，在不同的占有形式上，在社会生存条件上，耸立着由各种不同的、表现独特的情感、幻想、思想方式和人生观构成的整个上层建筑。因而，经济成分的多样化，必然带来利益主体的多元化和反映利益主体的价值思想的多元化。现实社会领域价值思想的多元化状况也直接地反映在网络空间。面对多元共生的现实，我们要在坚持马克思主义为根本指导思想的前提下，承认多元价值思想的合法性、合理性。社会主义核心价值观是马克思主义的价值体现形式，因此在网络空间大力培育和践行社会主义核心价值观，必须坚持"一元化指导"和"多元化并存"的原则。在承认多样化的同时不能忘记主导。要确立社会主义核心价值观对多元价值思想引领的绝对优势和主导地位，将那些不符合社会发展要求的价值思想加以引导、规范，使其逐渐融入社会主义主流价值观念体系，成为能够引导广大网民健康成长、积极进取的"正能量源泉"。

四　坚持创新精神

　　创新精神是指要具有综合运用已有的知识、信息、技能和方法，提出新方法、新观点的思维能力和进行发明、改革、革新的意志、信心、勇气和智慧。它是民族进步的灵魂，是国家发展的不竭动力。在网络空间构建社会主义核心价值观认同机制是一项全新的、具有挑战性的事业，必须坚持创新精神。

创新是一个国家兴旺发达和民族永葆生机的不竭动力。创新的直接体现是科学的进步和知识的更新。当今时代，一个以知识和信息为基础、竞争与合作并存的全球化市场经济格局正在形成。一个国家或一个民族的经济发展或整体进步，离不开科学技术的发展，更离不开知识的创新。科技进步是人类文明进步和国家繁荣发展的重要途径。科学技术的进步带动了一系列新兴科学技术的发展，并逐步形成科技群。这有力推动了社会生产力的新发展，并相应地带来了社会生活的新变化。比如高新技术特别是互联网技术的发展推动了我国经济的转型升级，为经济发展提供了相当比例的贡献率，也为人们提供了一个全新的生存空间，为人们的活动提供了一个新的平台，使得传统产业形态或社会活动发生了变化。简单举例来说，"互联网＋商场"产生了"电商平台"，"互联网＋银行"产生了互联网金融，"互联网＋红娘"产生了相亲网站，等等。当然，任何科学技术的进步都是以知识创新为先导和基础的。知识创新是"通过科学研究，包括基础研究和应用研究，获得新的基础科学和技术科学知识的过程。知识创新的目的是追求新发现，探索新规律，创立新学说，创造新方法，积累新知识"①。可以说，知识创新能够为人类认识世界及改造世界提供新理论和方法，能够为一个民族和国家在发展、进步过程中解决新问题、新挑战，实现实质进步提供不竭动力。知识创新过程中的新发现、新规律、新方法、新学说、新知识可以体现在一个国家、一个民族、一个企业或者个人成长的方方面面。以改革开放以来中国特色社会主义事业的发展为例，中国共产党坚持创新精神，针对中国特色社会主义不同阶段的发展主题，不断进行思想理论创新，先后形成了邓小平理论、"三个代表"重要思想、科学发展观和新时代中国特色社会主义思想，分别解决了"什么是社会主义，怎样建设社会主义；建设什么样的党，怎样建设党；实现什么样的发展，怎样发展；新时代坚持和发展什么样的中国特色社会主义、怎样坚持和发展中国特色

---

① 孙洪敏：《创新概论》，山西出版集团、山西教育出版社2008年版，第12页。

社会主义"等重大问题，对中国特色社会主义实践具有科学的指导作用。中国共产党通过对社会主义建设规律的深化认识，逐步提出了中国特色社会主义"五位一体"总体布局的思想内容，有效指导着中国特色社会主义经济、政治、文化、社会、生态文明的发展，等等。在新的历史条件下，我们依然要坚持创新精神，有效应对各种困难和挑战。

在网络空间大力培育和践行社会主义核心价值观是富有挑战性的事业，需要坚持创新精神。网络空间是一个新的生存空间。网络空间的生态是复杂的，网络空间安全也成了国家安全的重要组成部分。因此，网络空间治理就显得非常重要。在网络空间构建社会主义核心价值观认同机制，凝聚社会主义核心价值观共识，增强社会主义核心价值观认同，是做好网络空间治理的基础工程。而且，这项事业开展过程中将面对许多新问题、挑战和很多未知的事情，需要坚持创新精神，需要用新思维、新方法、新知识把握新趋势，构建新战略，解决新问题。如针对网络空间社会主义核心价值观认同的主体——网民，需要分析他们的类型、特点等，根据他们的思维习惯、心理特点等通过相应的制度和技术创新，使得网民在网络空间以合理的方式更直观、深刻地认知、理解和同化社会主义核心价值观，达到将社会主义核心价值观内化于心、外化于行的效果。针对网络空间社会主义核心价值观认同的客体——社会主义核心价值观，要以科学的态度推动理论创新和文化形式创新，将社会主义核心价值观内容凝练得更加具体、简练，或者对社会主义核心价值观进行更充分的阐释，使其便于网民识记，方便网民理解，等等。针对网络空间社会主义核心价值观认同的介体——网络媒体，要结合网络媒体的特点，将理论、制度、技术和文化形式创新结合起来，构建立体化的网络媒体传播机制，促进社会主义核心价值观在网民中的传播真正实现入耳入脑入心入行。

第三节　网络空间社会主义核心价值观 认同机制建设的方法

一　借鉴近代以来国内外核心价值观认同的经验

对以往成功经验的总结可以为当前工作的开展提供方法论借鉴。在网络空间构建社会主义核心价值观认同机制是一项全新的事业，需要从国内外已有的相关成功事例中借鉴经验，以保证这项事业的顺利开展。

当今世界，资本主义社会和社会主义社会两种社会形态并存是一种客观事实。这两类性质的社会在其发展过程中，都有一个推动核心价值认同的过程。资本主义在形成和发展过程中，逐渐形成了以"自由、民主、平等、人权"为内容的核心价值观，并在资本主义国家得到广泛传播。从传播学的角度分析这一过程，可以看出它有着清晰的发展历程和作用机制。这对于在网络空间构建社会主义核心价值观认同机制具有借鉴意义。近代以来，就当时欧洲的启蒙运动来看，言论的表达自由逐渐繁荣，促进知识向平民普及，各种现代核心价值观念向普通民众广泛传播，也推动了启蒙思想在欧洲各国之间的交流、融合和广泛传播。以出版自由为基础的广泛意义上的表达自由权利的普及为资本主义社会核心价值的传播提供了基础。在资本主义社会核心价值具体传播过程中，启蒙思想家们通过理论创新或者富有艺术性的方式构建了表达核心价值的话语，使核心价值由少数精英知识分子的主张扩展为新兴资产阶级和广大民众的共同追求。启蒙思想家们尽管对平等、自由等核心价值的定义不同，但他们之间的思想相互联系形成了理论整体性，共同引导了世界范围内的资产阶级革命。这些核心价值思想在传播的过程中表现出持续的话语说服力。此外，启蒙思想家们通过创作，如现实小说、哲理戏剧、讽刺诗歌等丰富多彩的艺术表达方式，或者利用阅览室、咖啡馆等公共场所和沙龙、演讲等方式，构建了核心价值传播的话语优势，提高了资本主义核心价值的传播效果。

毛泽东思想是马克思主义基本原理与中国具体实践相结合的产物，是马克思主义中国化第一次历史性飞跃的理论结晶。它以扎根于中国、服务于中国的方式逐步得到全党和全国人民的接受、认同，并成为中国革命和建设实践的指导思想。毛泽东通过扎实的调查研究，深入剖析了中国基本国情，科学研判了中国革命所面临的具体形势，准确判断了中国革命进程中矛盾的特殊性，为中国革命的成功奠定了基础，也为毛泽东思想被确立为党的指导思想奠定了基础。同时，毛泽东思想在与错误思想展开理论斗争的过程中得到了传播和认可。如在新民主主义革命时期，毛泽东通过发表论作，或者直接"交锋"的方式，与党内右倾机会主义、"左"倾盲动主义（冒险主义）等错误思想进行斗争，坚定了走"农村包围城市，武装夺取政权"的道路，最终引领中国人民取得了新民主主义革命的胜利。

虽然从具体环境和面临问题的本质来看，启蒙思想尤其是资本主义核心价值的广泛传播和毛泽东思想的传播与在网络空间大力培育和践行社会主义核心价值观问题有差别，但二者在传播核心思想特别是促成各自核心思想被民众认同的历程对于当前我国在网络空间构建社会主义核心价值观认同机制具有重要的借鉴价值。从中我们也可以得出这样的认识，我国推动马克思主义大众化过程中积累的成功经验和其他国家增强核心价值观认同的经验，可以为我们在网络空间大力培育和践行社会主义核心价值观提供有效借鉴。

二　融入网络空间的日常生活

意识形态传播的日常生活维度越来越被重视。日常生活是与每个人息息相关的领域，是人们生存和发展的基本活动方式。日常生活既包括现实日常生活，也包括虚拟日常生活。现实日常生活是人们生存和发展的根基，虚拟日常生活是人们生存和发展活动的延展。对于人们的生存和发展而言，二者并不是截然分开的，而是相互嵌套，共同起作用的。社会主义核心价值观体现着社会主义意识形态的本质属性，是社会主义意识形态的价值表达。在网络空间大力培育和践行社会主义核心价值观，增强社会主义核心价值观认同，必须努力将社会主义核心价值观融入日常生活。

长期以来，我国马克思主义理论研究（包括社会主义意识形态传播问题）主要从宏观叙事出发，焦点聚集在日常生活以外的、较为抽象的生产力和生产关系、经济基础和上层建筑的层面，远离着人们的世俗生活。新中国成立以后，社会主义意识形态研究、教育和传播越来越关注人们的日常生活。但由于社会主义意识形态教化长期缺乏对日常生活的关照，其宏观机制、叙事内容和引领功能的转化节奏慢于日益多变的日常生活，影响了社会主义意识形态的教化效果。尤其是改革开放以来，社会主义意识形态在日常生活领域的传播面临一些新的挑战。随着计划与市场关系的调节，建立社会主义市场经济目标的确立，特别是物质生活的极大富裕，人们慢慢从对理想、主义的目标追求转向信奉物质利益至上。如在广大农村地区，青年人结婚已经成了"昂贵的活动"，甚至成为一种奢望，女方动辄索要几十万元彩礼，或者明知对方家庭条件有限但坚持要求对方提供新房、轿车再加一定彩礼，以至于社会上未婚女性群体中普遍存在着"嫁个有钱人""嫁个有车有房的人"的想法。国家经济发展水平的提高也带来了物质产品的丰富。当温饱问题不再成为首要生存问题时，人们越来越注重消费，而且追求所消费商品的质量和品位，渐渐地，消费主义意识形态就主导了人们的日常生活。随之出现的问题是，拜金主义、享乐主义盛行。可以说，"日常生活在当代社会中的核心地位也带来了意识形态结构的变化——注重现世意义、当下利益、物质消费的平民意识占据了主导地位"[1]。经济发展的第一动力就是科学技术的发展。它变革人们生活方式的同时，也形成了对人们日常生活的"统治"。这集中表现为人们的衣食住行等日常生活都在被技术调控，不再是完全自由的状态了。最突出的表现就是，互联网的发展使网络生活已经成为人们表达日常生活的代名词。网络空间日常生活意识形态呈现出多元化、自由化的特点。此外，人们在日常生活中因物价上涨、教育医疗住房等费用上涨，以及各种生活压力的增加，表现得越来越焦虑，幸福感降低。这些问题是日常生活中社会主义意识形态建设面临的问题。而且因为现实生活和网络空间虚拟生活的交叉、融合甚至重叠，这些问题也反映在了网络空间，成为培育和践行社会主义核心价值观过程中面临的挑战。

日常生活是人们无法避开和逃离的生活方式。日常生活中的各种尖锐问题必须解决，这样才有利于稳定人们的社会心态，增强人们对生活的信心。解决问题就要从现实与虚拟的日常生活出发，通过话语创新、文化形式创新、传播方式变革等方法将社会主义意识形态融入日常生活。网络空间作为人们一种全新的和重要的日常生活空间，必须发挥社

---

① 张贞：《"日常生活"与中国大众文化研究》，华中师范大学出版社 2008 年版，第 103 页。

会主义意识形态的引领作用。社会主义核心价值观是社会主义意识形态的价值表达，必须发挥其引领社会思潮，化解社会焦虑，凝聚价值共识的作用。因此，要在网络空间大力培育和践行社会主义核心价值观，而且要把社会主义核心价值观以创新的方式融入现实和虚拟的日常生活，以贴近人们生活实际的方式发挥作用，进而达到被人们认知、接受、内化的效果。

三　融入网络空间的法制建设

2016 年中央全面深化改革领导小组审议通过了《关于进一步把社会主义核心价值观融入法治建设的指导意见》（简称《指导意见》），首次明确将社会主义核心价值观与法制建设联系起来，并提出开展一体化建设。网络空间作为一个新兴的领域，因其特性增加了治理的难度。增强社会主义核心价值观在网络空间的认同感，使之内化为网民的价值准则和行为规范，需要不断创新方法，做好各方面工作。其中很重要的一项工作，就是要以《指导意见》为纲领，将社会主义核心价值观融入网络空间法律制度中，引导和规范网络空间秩序。

加强网络空间法律控制是网络技术发展的必然要求。比尔·盖茨曾经讲过一句话："最有效的控制网络信息的自由流通是给每台电脑派一个警察站在旁边监控。"[①] 这句话比较形象地从一个侧面说明了加强网络空间法律控制的必要性，而且需要制定新的法律规则。网络空间是人类社会发展过程中产生的一个新的生存空间，是现实社会的延展。为了维护网络空间的安全，加强网络空间治理，实现网络空间秩序的良好运行，我们必须重视网络空间立法工作。20 世纪 90 年代以来，随着互联网的快速发展和应用普及，各国也随之推进了网络立法工作。美国、欧洲各国、加拿大、澳大利亚和亚洲的一些国家都出台了相关法律和制度来规范网络空间的各种活动，尤其是惩治违法行为。当前，我国也初步建立了规范互联网发展的法律体系。从 1997 年开始，中国政府相继制定了一系列法律及行政法规，这些法律法规涉及多个层面，包括网络安

---

① 宋绍成：《挑战与对策：网络传播和青少年社会化》，《社会》2002 年第 1 期。

全、网络管理及域名管理，具体涉及的领域有著作侵权、隐私侵权、电子商务、互联网内容管理、互联网业务管理等。[①]

　　社会主义核心价值观的内容包括国家、社会、公民三个层面，是一种共识性话语，是当前中国人民价值认知的最大公约数，兼有价值、习惯、规范和政策等层面的意蕴，其内容也体现了科学性、先进性，反映了人们关于法治目标的价值追求，提供了推进法治建设的价值指导。互联网技术发展，给人们带来便利的同时，也导致各种网络违法案件层出不穷。2018 年，互联网安全与治理论坛在四川成都举行。论坛发布了公安机关打击网络违法犯罪的典型案例，其类型包括侵犯公民个人信息、组织网络赌博、通过直播平台传播淫秽色情信息、组织跨国卖淫和微信交友诈骗等。[②] 除此以外，互联网的发展还衍生了很多新式的、花样繁多的欺诈手段、违法方式。如有一些网络商家利用特定方式"炒信"的模式被黑心不法分子借鉴，成为了进行欺诈的手段。网络"炒信"本身就是违法行为，而且被黑心不法分子利用后，更是产生了不良的社会后果。近年来频发的网络"刷单"案例就是集中体现。更可恶的是，网络"刷单"骗局已经盯上了大学生群体、待业人群、受教育程度不高和工资低的社会青年。这些人群经济不独立，对家庭的依赖性较高。如果陷入"刷单"陷阱，轻则损失财产，重则将对经济条件不好的家庭造成毁灭性打击，对心理素质不过硬的人造成心理创伤，影响他们的健康成长，或者可能直接造成他们轻生。针对这种情况，我们必须充分发挥创造性，将社会主义核心价值观融入网络空间法治建设。以此为指导，出台更加细致，更加健全的网络空间法律法规，来管理和规范网络空间，打击违法犯罪活动，营造一个风清气朗的网络空间。通过这种方式，让广大网民切身感受社会主义核心价值观引领作用的真实性。

四　发挥现代信息技术的支撑作用

　　现代信息技术的发展是推动加强网络空间治理的动力，也是维护网络空间良好秩序可以凭借的手段和方法。在网络空间构建社会主义核心

---

　　①　孙卫华：《网络与网络公民文化》，中国社会科学出版社 2013 年版，第 295 页。
　　②　《公安机关发布十个打击网络违法犯罪典型案例》，《中国防伪报道》2018 年第 10 期。

价值观认同机制的过程中，可以有效发挥现代信息技术的作用，为在网络空间培育和践行社会主义核心价值观提供健康、良好、稳定的网络环境，也可以为社会主义核心价值观认同效果的增强提供技术支撑。

现代信息技术合理运用可以为网络空间社会主义核心价值观认同机制的构建提供良好的外部环境。互联网的健康有序运行和网络空间违法犯罪案件的减少是一项综合性工作，涉及多方面内容。合理运用现代信息技术加强对网络空间的控制（或管理），是其中一项重要工作。网络控制是"为了改善和调节某个或某些网络对象的网络行为，通过获取并利用相关的网络状态信息，调节系统输入使受控部分的输出达到预期目标状态"[①]。这一个过程是为了实现网络系统的实际状态与网络管理目标的一致。二者的趋近程度越高，表明网络控制的效果越好。网络控制是靠相应的技术支撑来完成的，其控制方式包括基本方式、分级控制、协同控制、最优控制。以简单的网络安全控制技术为例，我们可以运用防火墙、访问控制、安全操作系统、网络安全入侵检测等技术，维护网络安全。当然，针对新的网络安全事件，我们还可以运用新技术加强网络控制，维护网络空间秩序。如我们可以运用人工智能这项前沿技术，一方面利用逆向工程对高级恶意软件进行检测与溯源，另一方面可通过对网络安全系统中的异常数据进行快速分析与智能关联，对高级持续性威胁等复杂的黑客攻击和安全问题进行快速预警、响应与有效预防，帮助系统识别安全漏洞并加以修复，为人们解决网络安全防护、监测预警、检测评估、应急处置等问题提供新思路。[②] 可以说，加强对各种网络信息技术的综合运用，做好网络管理或控制工作，可以为网络空间社会主义核心价值观认同机制的构建提供良好的外部环境。

在构建网络空间社会主义核心价值观认同机制的具体环节也要充分发挥现代信息技术的作用。网络空间社会主义核心价值观认同的主体是广大网民。要增强网民的社会主义核心价值观认同，首先要对他们的特点有比较充分的了解。为了了解网民在需求、行为、思维和价值取向方面的特点，针对性地对其进行社会主义核心价值观认知、理解、内化教

[①]　卢昱等：《网络控制论概论》，国防工业出版社 2005 年版，第 63 页。

[②]　穆琳：《2018 年网络安全新技术新应用的发展特点》，《中国信息安全》2019 年第 1 期。

育，可以利用比较前沿的大数据技术进行分析处理。大数据是云计算、物联网之后的一项颠覆性技术。其产生的背景是以博客、社交媒体等为代表的新型信息发布方式的涌现，以及云计算、物联网等技术的兴起，使数据以前所未有的速度在增长和累积，产生了"数据洪流"。从此，人类进入了大数据时代。百度百科关于大数据的定义是：指无法在一定时间范围内用常规软件工具进行捕捉、管理和处理的数据集合，是需要新处理模式才能具有更强的决策力、洞察发现力和流程优化能力的海量、高增长率和多样化的信息资产。① 基于大数据挖掘分析的经典案例就是成功预测了金融危机的发生。2008 年国际金融危机席卷全球，对许多国家、企业造成了严重损失。而在中国，马云通过整合旗下电子商务网站中询盘数据和订单数据等信息，发现海外企业近期的询盘数量和采购量在急剧下滑，基于这些海量数据的分析结论，马云提前六个月时间准确预测出世界外贸经济走势，得出将要爆发金融危机的结论，提前做好了应对措施。② 按照这样的思路，我们可以运用大数据技术分析网民的需求特征、总体偏好、语言风格、经常使用的网络应用、经常上网时段等信息，通过理论、技术等创新，将社会主义核心价值观以图、文、声、像等方式，以及网民喜欢的语言风格，嵌入网民常用的网络应用中，让网民在休闲、娱乐、轻松的状态和情境下认知、理解和内化社会主义核心价值观，增强网民认同社会主义核心价值观的效果。当然，也可以运用大数据技术建立健全、丰富完善网络空间社会主义核心价值观认同的客体机制和介体机制。

---

① 《大数据》，2019 年 3 月 16 日，http：//www. baike. baidu/item/大数据/1356941。
② 周鸣争、陶皖主编：《大数据导论》，中国铁道出版社 2018 年版，第 9 页。

第四章　网络空间社会主义核心价值观认同的主体机制

网络空间社会主义核心价值观认同的主体是广大网民，而非泛指所有的中国公民。当前，中国网民群体的规模比较大，而且体现出了典型特征。要在科学把握网民概念的基础上，分析我国网民群体的结构属性和典型特征，并从目标激励机制、评价表达机制、利益协调机制和示范引领与扩散传播机制方面着手构建网络空间社会主义核心价值观认同的主体机制。

第一节　网民及其典型特征

一　网民的概念和结构属性

构建网络空间社会主义核心价值观认同机制的一项重要前提工作是明确认同主体。从哲学层面讲，主体是指"事物的主要部分，是对客体有认识和实践能力的人，是客体存在意义的决定者，是行为活动的策划者和组织者"①。就此而言，网络空间社会主义核心价值观认同的主体是网民，是指那些参与网络信息生产与传播活动，并呈现其网络活动的网络使用者群体或个人。需要指出的是，这里的网民是比较宽泛意义的，借用百度百科的定义表达就是"指半年内使用过互联网的 6 周岁及以上

---

① 王中军：《网络文明建设中网民自律培育》，湖南人民出版社 2011 年版，第 140 页。

中国公民"①。

当前，我国网民的数量十分庞大。截至 2019 年 6 月，我国网民规模达 8.54 亿。根据第 44 次《中国互联网络发展状况统计报告》显示，我国网民结构属性具有鲜明的特点。第一，在性别结构方面，我国网民男女比例为 52.7∶47.3；第二，在年龄结构方面，10—39 岁网民群体占网民整体的 65.1%，其中 20—29 岁网民群体占比最高，达 24.6%，40—49 岁网民群体占比为 17.3%，50 岁以上的网民群体占比为 13.6%，互联网持续向中高龄人群渗透；第三，在学历结构方面，小学及以下、初中、高中/中专/技校、大学专科、大学本科及以上教育的网民群体占比分别为 18%、38.1%、23.8%、10.5%、9.7%；第四，在职业结构方面，目前我国网民群体中，学生最多，占比为 26%，其次是个体户/自由职业者，占比为 20%，企业/公司的管理人员和一般人员占比共计 11.8%；第五，在收入结构方面，月收入在 2000—5000 元的网民群体合计占比超过三分之一，为 33.4%，月收入在 5000 元以上的网民群体占比为 27.2%，无收入及月收入在 500 元以下的网民群体占比为 19.9%。②

二 网民的典型特征

当前，我国数量庞大的网民群体的存在，不仅在结构属性方面具有鲜明特点，他们在各方面的表现也越来越体现出了共同特征。网民共同特征的体现与中国互联网的发展水平和中国所处的特定阶段有关，也受到中国政治文化、传统文化的影响。当然，网民的共同特征是通过大量的典型网络事件体现出来的。而且为了表达的方便明确和论述的可行性，我们这里概括的网民共同特征是比较宏观层面的、多数网民在典型网络事件中表现的，并非细微的、个别网民在个别网络事件中表现的特征。通过仔细梳理近年来发生的一系列典型网络事件会发现，我国网民的共同特征集中表现在需求、思维和行为三个方面。

---

① 《网民》，2019 年 3 月 12 日，https：//baike. baidu. com/item/% E7% BD% 91% E6% B0% 91/213051？ fr = aladdin。

② 第 44 次《中国互联网络发展状况统计报告》，2019 年 8 月 30 日，http：//www. cnnic. cn/hlw-fzyj/hlwxzbg/hlwtjbg/201908/t20190830_70800. htm。

第一，需求特征。网民内在需求是他们参与网络活动的动力。其一，网民对知情权的追求越来越强烈。改革开放 40 多年的发展，推动中国社会各方面取得了巨大发展。随着社会的进步和开放程度的提高，以及公民权利意识的觉醒，人们对生存环境的认知需求激发其对新闻信息的更多关注和对知情权的重视。在传统社会，人们获取信息和表达意见的渠道是有限的，因此尽管有满足知情权的要求，但实际满足程度有限。互联网的开放性、平等性、去中心化、便捷性等特点给网民参与各项网络活动提供了便利，也为满足他们的知情权提供了现实条件。现在，网民可以通过网络表达自己知情权的需求。如一些重大突发事件，尤其是灾难性事件发生后，网民希望第一时间获取信息，了解事实真相。主流媒体实时准确的信息报道可以帮助网民了解事实及其进展程度，可以解开网民的一些疑惑，澄清诸多谣言。2008 年中国媒体在汶川特大地震中及时、透明的报道，得到了民众的高度认同。这与长期以来网民对知情权的追求是分不开的。

其二，网民政治参与的热情和需求比较强烈。互联网的发展促成了网络空间的形成，并与现实政治产生了互动，为广大网民通过网络实现政治参与提供了极大便利。网民通过网络进行政治参与的形式主要表现为网络问政、网络社区（微博、博客、微信、QQ 等）政治参与和网络公共事件参与。通过网络政治参与网民可以满足自由表达和参与公共事务的愿望。在网络问政方面，网民主要针对现实生活中最关心的问题表达自己的诉求，以及对政府运作过程中存在的问题积极建言献策。在网络社区政治参与方面，网民主要是以发布内容或参与讨论、评论等方式参与公共事务，通过关注方式对政府机构进行监督，或者直接向相关政府部门和社会表达关于特定事情的意见和诉求。在网络公共事件参与方面，主要是通过关注或参与重大网络事件的讨论来表达意见和看法。多种形式的网络政治参与提高了政府的工作透明度和效率，增强了政府的合法性，满足了公民的知情权、参与权，展现了网民在推进中国民主政治进程中的作用。

第二，心理和思维特征。其一，网民灰色或黑色心理得到表达。网络空间的虚拟性和网络信息的海量特征，以及网络空间治理的不充分，为网民在网络空间满足自己各种需求提供了基础。值得说明的是，网民在网络空间主要是满足自己在现实社会没有机会或者很少有机会满足的心理需求。如网络炒作事件是网络空间奇观化现象出现和泛滥的助推力量。在一系列的操作实践中，网民的各种灰色或者黑色心理特征都集中地表现了出来。如从自称"拥有冰清玉洁气质和妖媚性感身材"的芙蓉姐姐；到自称"懂诗画、会弹琴，精通古汉语，9 岁起博览群书，20 岁达到顶峰，智商前 300 年后 300 年无人能及"的罗玉凤；再到"秒杀宇内究极华丽第一极品路人帅哥！帅到刺瞎你的狗眼"的犀利哥……[①]这一系列颠覆人们正常审美观念的"审丑"奇观造就了一场另类言行秀。在此过程中，网民恶意的嘲弄和谩骂与网络红人越来越红的程度形成了强烈反差对比。可以说，在这场"审丑"事件中的网民通过对网络红人的居高审视和谩骂实现了快意的发泄，反映了他们微妙的心理特征。借用文化评论人长平评价罗玉凤事件时的话，审丑观背后的网民心态是："人们对罗玉凤的观看，是一种撕裂她的尊严的方式，把她扔在舆论的斗兽场中，为她的丢人现眼而尖叫。……在罗玉凤事件中，舆论风浪不加掩饰地裹挟着浓厚的恶意。"[②]

　　其二，网民思维表现得简单、极端化。总体来看，网民的思维极易被简单化思维主导。也就是说，网民在对事件或人物进行评价时，往往会陷入简单、极端化的思维框架中。他们往往会用对与错、善与恶、强者与弱者、民众与官员、穷人与富人、消费者与厂商、患者与医生等二元思维对事件进行评判，对人物进行归类或评价。从实质上来讲，这是感性压倒理性、本能意识胜过规则意识的思维方式。当然，这种思维方式主要是指网民群体对待共同事件或人物时表现出的思维特征。如针对 2010 年的一则假新闻《作协灾区开会　坐豪华轿车住五星级酒店》，知识分子网民在这一事件中的极端表现就是很好的印证。这些极端看法表明了网民针对特定事件或人物的思维特点。此外，前文我们在分析网络民粹主义思潮过程中，广大网民表现的仇富、仇官的思维特点也是很好

---

① 孙卫华：《网络与网络公民文化》，中国社会科学出版社 2013 年版，第 88 页。
② 长平：《凤姐为什么这么红？》，2010 年 7 月 9 日，https：//news. qq. com/a/20100709/000657. htm。

的印证。

第三，行为特征。其一，网民行为的解构性。2005 年以来，以《一个馒头引发的血案》《春运帝国》《后舍男孩》《百变小胖》为代表的网络恶搞文化兴起，并从网络空间蔓延到了传统媒体中。网络恶搞是网络草根群体以历史和现实的各种政治、文化、日常生活为摹本，通过恶作剧、解构或反讽的方式来展示个性、反讽社会，颠覆或解构主流价值的行为。网络恶搞的主体是青年网民、平民网民、网络草根群体，他们属于传统社会的"沉默的多数"。网络空间的形成为他们展示个性、表达话语提供了平台，成为他们表达自我、宣泄对主流文化或精英文化不满的推动力。

其二，网民行为的暴力性。首先表现为语言暴力性，就是用语言来攻击别人。当特定网络事件发生时，网民往往会聚集起来，对此进行评论，呈现网络舆论"一边倒"现象，体现着网民的话语力量。这种力量常常表现为话语暴力。网民的言论表现出极端的暴力性，而且带有极端民族主义的气质。如果在这样的"话语暴力"面前站在了网民的敌对面，那么将面临被攻击的危险。在"抵制家乐福事件"中，央视某主持人因"不合时宜"地"不赞成抵制家乐福"的言论，遭到网民"拍砖"无数。[1]　其次，就是直接表现为行为的暴力性。网络空间的语言暴力可能会引发现实社会中的行为暴力。在网络空间参与到语言暴力事件中的网民从心理层面讲往往比较简单、感性或者忽视规则的重要性。由网络语言暴力演变为现实行为暴力的典型事件就是中国政法大学副教授吴法天与四川籍女记者周燕约架事件。两人因钼铜项目是否会污染环境问题在网上"结仇"，后来因为在网络上用语言攻击的方式解决不过瘾，就直接进行微博"约架"。然后，就发生了吴法天在北京市朝阳公园南门被"群殴"事件。

当前，中国网民在典型网络事件中表现出的特征是中国社会发展进步过程中的重要内容，必须正确认识和对待。尤其是在网络空间构建社会主义核心价值观认同主体机制过程中，更要高度重视这些特征。

---

① 孙卫华：《"群氓" vs "民众崇拜"：网络语境下大众两种角色的学理透视》，《当代传播》2011年第 2 期。

第二节　目标激励机制

网络空间社会主义核心价值观认同实质是要实现网民对社会主义核心价值观的认可和共享，实现网民对社会主义核心价值观的自觉接受和自愿践行。这决定了社会主义核心价值观认同要在满足网民主观意志和愿望的条件下完成。网民认可、接受、共享、践行社会主义核心价值观的过程，也是社会主义核心价值观对网民产生导向作用的过程。从这个意义上讲，网络空间社会主义核心价值观认同的目标激励机制是指社会主义核心价值观能够对网民理想信念的建立、正确价值观的树立、自我需求的满足和道德规范的养成产生引领和导向作用的模式。这种机制的建立有利于激发网民实现自我提升，引导网民实现人生目标和社会价值。健全完善的目标激励机制可以促进网民自觉认同社会主义核心价值观。

一　激发网民实现自我超越，建立共同理想

人生的意义在于个体对其存在价值的理解和确证。人的存在价值不是简单地实现自然属性，而在于实现更高层次的社会属性。换句话说，人生的真正意义在于实现自我超越，树立崇高的理想信念。而"对人的本质的追问，是核心价值观大众认同的前提；对人生价值的探寻与升华，是核心价值观大众认同的动力"①。因此，社会主义核心价值观要为网民提供一种具有超越性的、崇高的理想信念。人生意义或人的存在价值的实现不是一蹴而就的，而是在人生的不断追求和创造中实现的。这也决定了理想信念应该着眼于对未来有意义的人生的构建，能够为网民提供不竭动力。具有这种超越性理想信念的网民，必然会将自己的人生意义与国家和民族的发展前途紧密联系起来。如果网民的这种高层次需求被激发出来，就会成为社会主义核心价值观认同的内在驱动力。因此，要针对广大网民建立理想信念教育机制。其中，首要的问题就是要

---

① 郭维平：《社会主义核心价值观生成与认同研究》，学习出版社 2016 年版，第 274 页。

为网民立起理想的"灯塔"。

第一，中国特色社会主义共同理想。中国特色社会主义"是改革开放以来党的全部理论和实践主题，是党和人民历尽千辛万苦、付出巨大代价取得的根本成就"①，是我国社会主义发展的阶段性理想，也是社会主义核心价值观产生的基础，是共产主义远大理想实现的前提。社会主义核心价值观契合了中国特色社会主义发展的内在要求，决定中国特色社会主义的发展方向。因此，引导广大网民加强对中国特色社会主义的认同，树立中国特色社会主义共同理想，有助于社会主义核心价值观认同的落实。中国特色社会主义共同理想凝聚着全国各族人民和海外中华儿女的共同愿望，是凝聚中国力量的精神旗帜。网民树立坚定的中国特色社会主义共同理想，汇聚到建设中国特色社会主义的"力量洪流"中，能够为网民实现自我超越和人生意义找到依托，提供基础，可以实现国家和民族发展、振兴与自我价值的统一。

第二，实现中华民族伟大复兴的中国梦。实现中华民族伟大复兴的中国梦是基于中国发展实际提出的伟大梦想，是近代以来中华民族的夙愿，已经成为凝聚全体中国人民理想和信念的共识。中国梦的内涵是国家富强、民族振兴和人民幸福。中国梦坚持了集体主义的价值取向。它正确阐述了整体与个体的关系，把国家、民族和个人的梦想融为一体，实现了集体价值与个体价值的统一，既强调国家、民族的发展，又鼓励个人奋斗。"国家富强、民族振兴是人民幸福的前提和基础，人民幸福是民族振兴、国家富强的根本目的。"② 国家梦、民族梦的实现能够保障每个人充分享有各方面的权益和共享发展成果。这样，每个阶层的人都能从国家梦、民族梦的实现过程中满足个人利益，能够聚集到实现中国梦的伟大号召中。可以说，中国梦的根本出发点和落脚点就是实现人民幸福。对此，习近平总书记指出："中国梦归根结底是人民的梦，必须

---

① 习近平：《决胜全面建成小康社会　夺取新时代中国特色社会主义伟大胜利——在中国共产党第十九次全国代表大会上的报告》，人民出版社 2017 年版，第 16 页。

② 赵阳、林园：《中国梦研究》，中国海洋大学出版社 2015 年版，第 75 页。

紧紧依靠人民来实现，必须不断为人民造福。"① 中国梦与社会主义核心价值观有着内在的一致性。2013 年 12 月，中共中央办公厅印发的《关于培育和践行社会主义核心价值观的意见》指出："积极培育和践行社会主义核心价值观。……对于巩固马克思主义在意识形态领域的指导地位、巩固全党全国人民团结奋斗的共同思想基础，对于促进人的全面发展、引领社会全面进步，对于集聚全面建成小康社会、实现中华民族伟大复兴中国梦的强大正能量，具有重要现实意义和深远历史意义。"② 这揭示了二者之间的内在关系。社会主义核心价值观是中国梦的价值规定，对中国梦的实现具有引领和指导作用。从本质上讲，社会主义核心价值观与中国梦都要调动个人的积极性、主动性和创造性，最终目标都是要实现人的自由全面发展。因此，引导广大网民聚集在实现中华民族伟大复兴的中国梦旗帜下，为实现国家富强、民族振兴和人民幸福而奋斗，可以为网民提供精神支撑和信念指导，也有助于网民增强对社会主义核心价值观的认同。

二　引导网民树立正确的人生价值观

一个人的人生是否有意义，关键在于是否能够树立正确的人生价值观。人生价值观是人的行为的标准和依据。正确的人生价值观能够引导人们实现正确的、合理的、高尚的人生目的，其行为会对社会、对他人、对自己都起到有利的作用。错误的人生价值观则会导致人们误入歧途，将会诱导人们追求享乐主义、拜金主义、极端个人主义等消极的人生目的，其行为对社会、对他人，甚至对自己都是不利的。按照马克思主义人学理论，人的本质是全部社会关系的总和，包含实践、社会和个性三重维度。从人的本质的实现过程来看，一般要经历"生存—发展—共荣"的模式：求生存是个体的自然需要，求发展是个体全面发展的社会需要，共荣是个体自我价值在社会中得以实现的精神需要。③ 这决定

---

① 中共中央文献研究室编：《习近平关于实现中华民族伟大复兴的中国梦论述摘编》，中央文献出版社 2013 年版，第 14 页。

② 《关于培育和践行社会主义核心价值观的意见》，《人民日报》2013 年 12 月 24 日。

③ 郭维平：《社会主义核心价值观生成与认同研究》，学习出版社 2016 年版，第 276 页。

了人生目的的落脚点就是在满足自我生存和发展需要的基础上，达成个体价值和社会价值的统一。对个人成长和社会发展而言，合理的、高尚的人生目的是人生的指引和人生行为的动力，能够让人们面对现实保持一种积极向上的态度。而这种人生目的实现过程，也会对别人、对社会、对民族发展提供正能量。社会主义核心价值观体现了全国各族人民的共同价值追求，在价值主体、目标和准则方面都体现了个人与国家和社会的内在一致性。因此，引导广大网民树立正确的人生价值观，可以为他们认可、接受、内化和践行社会主义核心价值观提供内在动力，能够为增强网民对社会主义核心价值观的认同提供心理基础。

三　提高网民的思想道德水平

社会主义核心价值观本身包含着道德价值观，其内容中的"爱国、敬业、诚信、友善"是我国公民应遵循的基本道德要求。以公民道德建设推动社会主义核心价值观建设，是培养合格公民的必然要求。公民道德建设和公民道德水平提高的过程，就是公民对社会主义核心价值观认可和内化的过程。道德自律是个体对一定社会道德原则和道德规范的认同与遵守，以及对使命和责任的主动担当，集中表现为对伦理道德的体认和坚守。一个国家和民族的发展离不开公民道德建设的支撑。2019年10月27日，中共中央、国务院印发了《新时代公民道德建设实施纲要》，强调指出："中国特色社会主义进入新时代，加强公民道德建设、提高全社会道德水平，是全面建成小康社会、全面建设社会主义现代化强国的战略任务，是适应社会主要矛盾变化、满足人民对美好生活向往的迫切需要，是促进社会全面进步、人的全面发展的必然要求。"① 这充分说明公民道德建设对新时代中国特色社会主义和社会主义现代化建设事业的重要性。如果公民道德建设缺失或严重滞后，将会影响一个国家和民族的整体发展。我国在经济社会转型发展过程中，因各方面问题的影响，产生了"毒奶粉""瘦肉精""地沟油"等食品安全事件和"碰瓷""路人摔倒不敢扶"等现象，以及假冒伪劣、坑蒙拐骗、贪污腐败、

---

① 《中共中央　国务院印发〈新时代公民道德建设实施纲要〉》，2019年10月27日，http://www.gov.cn/zhengce/2019－10/27/content_5445556.htm。

政绩造假、论文造假、见利忘义、见危不救等问题。这些问题的存在一度引起人们发出世风日下、人心不古的感叹，甚至引发人们产生不稳定感和不安全感，从而影响了中国特色社会主义建设的持续发展。互联网的虚拟性、开放性、自主性、交互性等特征为网络空间各种不道德行为的出现提供了便利。当前，道德失范问题在网络空间也有了新的表现形式，如网络欺诈、网络谣言、网络暴力、网络冷漠、网络低俗等。这些问题如果不能很好地解决，其负面影响将会转移到现实社会，会严重影响对社会主义核心价值观的认同，进而影响我国各项事业的发展。因此，必须提高网民的思想道德水平。这样有助于网民自觉提升道德自律的同时，增强对社会主义核心价值观的认同。

第三节　评价表达机制

网络空间社会主义核心价值观认同的主体是网民。要在机制构建过程中使网民的主体地位得到体现，网民的各种主体性权利如知情权、参与权、自由表达权、监督权也得到充分保障。以此为基础，评价表达机制主要是通过网络政治参与方式来实现网民的各项主体性权利，保障网民主体地位的模式。网络政治参与是网民及虚构团体通过网络平台影响和推动政治决策的过程。[①] 由于网络虚拟团体（或者网络共同体）也是由网络社会的基本单元——网民组成，所以这里的评价表达机制集中探讨网民的网络政治参与问题。网民主体性权利的实现是社会主义核心价值观的内在要求。构建网络空间社会主义核心价值观认同主体的评价表达机制能够调动广大网民政治参与的积极性，有助于他们在权利表达的过程中实现对社会主义核心价值观的体验和认同。

网民网络政治参与的实践类型主要包括网络参政议政、网络监督和网络群体性事件。而网民实现政治参与的方式、途径、手段具有多样化、在线化、数字化特点。为此，我们要围绕网民政治参与的实践类型优化其政治参与的方式、途径和手段。

---

① 李斌：《网络政治学导论》，中国社会科学出版社 2006 年版，第 149 页。

一　多措并举，进一步完善网络参政议政措施

网络参政议政是一种主要的网络政治参与类型，其典型的方式就是"网络问政"。借助这种方式，网民可以通过互联网与政府部门进行互动和交流，通过网络平台就社会公共事务向政府或领导干部建言献策、表达利益诉求等。随着自媒体的出现和发展，"微博问政"一度成为一种网络政治参与的"时尚"。目前，各级政府都在大力推进电子政府平台建设，为网民参政议政提供了巨大便利。根据第 44 次《中国互联网络发展状况统计报告》显示，截至 2019 年上半年，我国在线政务服务规模达 5.09 亿，占网民整体的 59.6%。网络参政议政为网民政治权利的表达提供了现实基础，也推动了我国政府职能的转变和服务水平的提升。但依然要加大力度，完善网络参政议政措施。第一，完善网络参政议政法律法规制度建设。网络空间是一个虚拟的空间，因其具有隐匿性、平等性特点，网民可以在网上自由地、大胆地发表言论，有可能导致网络"参与爆炸"、参与无序性等问题。当前，我国关于网民网络政治参与的法律法规较少，要在不断提升网络政治参与技术水平的同时，加快网民自律意识的提高和网络参与法律法规建设的步伐。网络政治参与本身是时代发展和技术进步的产物，对民主政治的发展具有矫正和促进作用。对其合理运用，可以释放民意，化解矛盾，增强政治体制的弹性。但如果管理不好，就会对政治体制形成冲击。加强网络政治参与的法律法规制度建设，可以有效保障网民借助网络平台实现自己的主体性权利。为此，就要完善网络立法工作，及时修正滞后的网络法律法规，将笼统的法律法规进一步细化为可以操作的具体条款，完善网民现有政治参与机制，对网民政治参与的内容、形式和途径做出明确规定，为网民实现网络政治参与提供法律保障和制度保障，进而促进网络政治参与的有序进行。

第二，加强网络空间道德建设。如果说网络空间法律法规制度建设是规范网络政治参与的"硬约束"，那么网络空间道德建设就是规范网络政治参与的"软约束"。网络政治参与过程中的非理性行为，并非依靠法律法规制度能够完全解决，还需要伦理道德对网民进行引导和规

范。网络道德文明是指涉及网络技术开发、信息传播、信息的管理和利用等方面的道德文明要求、准则、规则、规范以及在此基础上形成的新型道德文明体系。[①] 网络道德文明与传统道德文明适用的场域不同，应该更加注重引导网民"慎独"和自律。在此过程中，还要实现规范约束性和价值引导性的统一，使广大网民在实际的网络行为中切实把道德规范转化为自己的内在道德信念，合理规范自己的网络行为。目前，许多国家都制定了相应的网络道德规范来约束网民的政治参与行为。我国可以借鉴这些经验，制定符合我国国情的网络伦理道德规范。由此，可以教育网民自觉遵守并践行网络行为规范和网络文明行为准则，达到网络政治参与过程中其行为实现自律与他律的统一。

第三，要针对不同群体的网民设置政治议题。根据第 44 次《中国互联网络发展状况统计报告》显示，我国网络政治参与的网民群体因职业、受教育水平、性别、居住区域等不同，出现了"数字鸿沟"。也就是说，当前我国网络政治并不是所有网民都能参与，只是少数有能力在网上"发声"的人的事情。这无法满足我国网民规模庞大且政治参与热情高涨的需求。因此，亟须通过各种方式使得网络政治参与覆盖到更多的网民，利于他们表达利益诉求、建言献策。要通过各种途径了解不同网民群体（如领导干部、教师、公务员、学生等）的现实利益诉求，借助政府服务网站、网络论坛、微博微信等平台发布相关议题，吸引他们参与到相关议题的讨论中，缩小甚至消除"数字鸿沟"，引导他们理性、有序、规范、文明地参与议题讨论，从而解决与他们切身利益相关的问题。以此，消减或避免网络政治参与中的"口水仗""火药味"等非理性现象。

二 建立健全网络监督机制和优化网络政治生态

网络政治参与的另外一种主要方式是网络监督。网络信息技术的发展为网民实现网络政治参与提供技术途径创造了良好条件。网民网络监督的类型主要包括网络舆论监督和网络反腐。网络舆论监督是广大网民

---

① 王中军：《网络文明建设中网民自律培育》，湖南人民出版社 2011 年版，第 223 页。

以网络为载体，在网络上通过浏览信息、发帖、发微博等多种形式，围绕公共议题发表意见和建议，并积极参与对政治权力实施者的监督过程。[①] 网络的平等性、开放性、便捷性为网民开展网络舆论监督提供了极大便利。2011 年济源双汇集团"瘦肉精"事件中该集团危机公关的正确转向，以及事件的妥善解决，就体现了网络舆论监督的正效应，是一个典型的网络舆论监督案例。网络反腐是近年来尤其是党的十八大以来出现的一种网民监督新形式，是反腐败的新方式。如"表哥""房叔""房姐""局长日记"等各种腐败案件的揭露，都体现了网络反腐的威力。甚至，网络反腐被称为"反腐利器"。但网络舆论监督和网络反腐，还存在一些问题，如一些网民出于私愤，故意通过网络抹黑的事件，或虚构事实诬陷别人，以及在此过程中舆论表达带有极端片面性、主观性，等等。

为此，第一，要建立健全网络监督机制。要加强网络监督立法工作，建立一套完整有序的网络监督程序，使网民在法律框架内合法行使自己的监督权，减少因缺乏外在约束产生的随意性监督行为。

第二，要针对网民的监督权进行立法。要通过立法保护网民监督权，同时要制定细致的法律确定网民监督权的权限，规定哪些可以监督，哪些不能越过界限。而且要明确规定，网民错误地行使监督权要受到怎样的处罚。对网民监督权的规定实现保护和惩治的统一。

第三，要优化网络监督的政治生态。随着互联网技术的发展，网络媒体的种类和功能越来越多，可以说是进入了"大众麦克风"的时代，使网民的话语表达权得到空前释放。为了让网民合理使用自己的表达权，更好监督政府的各项工作，就要从政府层面加快立法，制定网络侵权赔偿制度，加强网络空间治理，为网络监督的有效实现创造良好环境。政府还要加强政务网站建设，积极开发微信城市服务、政务服务搜索、政务机构微博、政务头条号等政务新媒体建设，优化政策内容和便民服务内容，树立亲民为民的好形象，从而为网络监督提供更多平台，构建更好的政治生态。

---

① 高桂云主编：《公众网络政治参与的引导与规范研究》，中国社会科学出版社 2014 年版，第 26 页。

第四，进一步发挥网络媒体的监督作用，形成网络媒体监督与传统媒体监督的良性互动。以2004年底的"深圳姐姐事件"① 为例，事件首先是网民在天涯、凯迪等论坛披露了一封深圳市五部门联合下发要求各学校组织中学生自费购票观看电影《时差七小时》的长信，且影片的女主角被认为是深圳某高官的女儿。事件爆出以后网络媒体迅速展开报道，一时间中国国际广播电台的国际在线网站、人民网、新华网、新浪网等具有影响力的网络媒体也进行了集中报道。很短的时间内，网络媒体的各种报道形成了强大的舆论力量和监督力量，并转化为强大的民意，发挥出越来越明显的监督效果。在此过程中，作为传统媒体的《南方都市报》在报道此事时因受到了网上帖子的启发，才对事件有了更新的认识，并与网络媒体报道形成了良好互动，促进了该事件的解决。可以说，网络监督离不开网络媒体的作用。要进一步放开网络媒体的监督作用，使其为网络监督注入更多活力，并建立健全网络媒体监督与传统媒体监督的互动机制。

三　加强议题管理，防范网络群体性事件

网络群体性事件也是网民表达诉求，实现网络政治参与的一种方式。但它的发生往往会造成正反两方面的结果。如具有"百万级点击率"的网络群体性事件，既有"南京天价烟房产局长事件""张家港官太太团出国事件""贫困县县委书记戴52万元名表事件""云南'躲猫猫'事件"等，也有汶川特大地震中，网民对参与救援干部的好评，以及中国向索马里派出护航舰队等。针对这种具有两面性的网络政治参与方式，一定要加大规制和防范措施。其中，一个非常重要的方法就是政府相关部门一定要加强对网络舆情的追踪、梳理和监督。要建立健全网络议题监测机制，建立专门的机构对网络信息进行监督，建立完善的网络舆情反馈机制。要制定成熟的网络议题管理策略，针对可能引发网络群体性事件的各种议题，迅速做出反应，做出快速处置。

---

① 王茜：《网络媒体的监督功能初探》，《新闻之诸》2005年第5期。

第四节　利益协调机制

价值认同是建立在对个体利益保护基础上的。社会主义核心价值观认同实现的关键在于能否满足人民保护自身利益需要的愿望和追求。人民的利益需要包括物质和精神两个方面。在我国社会转型过程中，存在价值多元化、利益关系复杂化和利益分化的问题，要夯实社会主义核心价值观认同的基础，就必须协调多元利益主体之间的利益需要。因此，网络空间社会主义核心价值观认同主体的利益协调机制，就是要通过合理的利益分配、利益共享、利益补偿措施，满足人们的正当利益需要，为社会主义核心价值观认同奠定基础。需要指出的是，原本在对利益协调机制问题进行论述的过程中，要紧紧围绕网民这个主体进行，但互联网是一个虚拟的空间，而协调利益主体关系是一个现实的问题，在网络空间无法彻底展开，只能在现实社会中进行。又因为具有正当利益的网民是人民的一部分，对这部分网民现实社会中正当利益的满足，直接有助于他们在网络空间增强对社会主义核心价值观的认同。所以，这里是在现实社会中通过利益协调机制满足包括具有正当利益需求网民在内的全体人民的正当利益，助力网络空间社会主义核心价值观认同建设。

要通过改革利益分配机制，完善利益补偿机制，缩小贫富差距。中国的贫富分化问题表现在三个方面，一是城乡之间的贫富差距。据国家统计局数据显示，从收入水平来看，2013 年至 2017 年全国居民人均可支配收入不断增长，2017 年全国居民人均可支配收入为 25974 元，其中城镇居民人均可支配收入为 33834 元，而农村居民人均可支配收入为 11969 元，农村居民人均可支配收入仅为城镇居民人均可支配收入的三分之一。① 可见，农村居民的整体收入状况低于城市居民。二是地区收入差距。根据《中国统计年鉴 2017》显示，2016 年东部地区人均可支配收入为 30654.7 元，中部和西部分别为 20006.2 元和 18406.8 元。从区域来看，东部地区居民收入要高于中西部地区。三是各阶层收入差距

---

① 《2017 年全国居民人均可支配收入中位数 2.2 万元》，2018 年 2 月 28 日，http://www.ce.cn/xwzx/gnsz/gdxw/201802/28/t20180228_28288688.shtml。

大。据统计数据显示，分行业门类看，年平均工资最高的三个行业分别是信息传输、软件和信息技术服务业 133150 元，金融业 122851 元，科学研究和技术服务业 107815 元，分别为全国平均水平的 1.79 倍、1.65 倍和 1.45 倍；年平均工资最低的三个行业分别是农、林、牧、渔业 36504 元，住宿和餐饮业 45751 元，居民服务、修理和其他服务业 50552 元，分别为全国平均水平的 49%、62% 和 68%。最高与最低行业平均工资之比为 3.65。[①] 20 世纪 80 年代，中国行业间的工资收入差距比基本保持在 1.8 左右。可见，中国各阶层收入差距在拉大。

维护社会公平公正是中国共产党立党为公、执政为民的内在要求。努力缩小贫富差距，促进社会财富合理分配，实现人民共享发展成果，是亟待解决的重大问题。因此，要在实践中解决好"效率与公平"的问题。

一　从原则上调整"效率与公平"的关系

"效率与公平"问题是经济学的永恒主题。收入分配制度改革的核心问题就是如何处理效率与公平关系问题。改革开放伊始，党和政府在收入分配政策领域实行了"效率优先、兼顾公平"的原则，实质上是要求在"效率优先"的前提下做到效率与公平的统一。但这样的表述方式，让一些人产生了误解，以为可以"重效率、轻公平"。这样，就造成了实际工作中的问题，使得社会公平、公正得不到保障，引发了一些社会问题，尤其是社会分配领域的问题。后来，经过长时间的酝酿，党的十七大报告明确强调："合理的收入分配制度是社会公平的重要体现。要坚持和完善按劳分配为主体、多种分配方式并存的分配制度，健全劳动、资本、技术、管理等生产要素按贡献参与分配的制度，初次分配和再次分配都要处理好效率与公平的关系，再分配更加注重公平。"[②] 这表明我国在利益分配原则方面，已经发展到"更加注重社会公平"的阶

---

① 《统计局发布 2017 年城镇单位年平均工资数据：信息软件行业最高》，2018 年 5 月 16 日，http://hi. people. com. cn/n2/2018/0516/c231187 - 31582573. html。

② 胡锦涛：《高举中国特色社会主义伟大旗帜　为夺取全面建设小康社会新胜利而奋斗——在中国共产党第十七次全国代表大会上的报告》，《人民日报》2007 年 10 月 25 日。

段。在此基础上，党的十九大报告又指出：“坚持按劳分配原则，完善按要素分配的体制机制，促进收入分配更合理、更有序”①，并为分配领域的改革提出了总体规划。

二　完善利益分配的体制机制

第一，政府协调好经济发展与人民生活水平提高之间的关系。要努力转变经济发展方式、优化经济结构、转换经济增长动力，促进经济发展的转型升级，推动经济持续发展，把“蛋糕”做大，坚持在经济增长的同时实现居民收入同步增长，从而为合理解决利益分配问题奠定雄厚的经济基础。

第二，要规范初次分配秩序，确保初次分配体现效率。当前，在我国初次分配中，由于竞争条件、市场机会、信息掌握程度等的不合理、不均等、不平等，如市场垄断、官商勾结、制假售假、走私贩卖、偷税漏税等，造成了大量非正常收入及其引发的收入差距拉大带来的不公平问题。为此，政府应该加大监督力度，建立和完善公平有效的竞争体制，制定更加健全的法律法规，完善按劳分配的体制机制，鼓励人们通过技术创新、管理创新和知识创新，以技术要素、知识要素和管理要素等参与分配，增强经济发展活力；拓宽居民劳动收入和财产性收入渠道；要完善经济法规，鼓励勤劳守法致富，防止和加大处罚非法经济行为，控制垄断性收入，取缔非法收入，消除灰色收入和黑色收入，以及各种不规范不合法收入；加大政府职能转变力度，推进政府服务信息公开，从根本上解决行政性垄断收入问题，等等。

第三，完善再次分配体制，缩小收入分配差距。再次分配要以公平为原则，要加大政府调控力度，通过经济立法和经济政策，运用税收、金融、行政等调节干预手段，合理调整国民收入分配格局，采取切实措施保证低收入居民的保障性收入，解决城乡之间、区域之间和各阶层、职业之间收入差距拉大的问题。如要建立完善的税收体系，综合运用各种税收手段，以个人所得税、利息税、证券交易税、社会保障税等为手

---

① 习近平：《决胜全面建成小康社会　夺取新时代中国特色社会主义伟大胜利——在中国共产党第十九次全国代表大会上的报告》，人民出版社 2017 年版，第 46 页。

段，着力提高低收入者的收入水平，逐步扩大中等收入者比重，以个人所得税、遗产税、赠与税、资本所得税、消费税等为手段，有效调节高收入者的收入水平，逐步缩小贫富差距。当前，在完善分配体制机制方面，首先要做好的重要工作是，"要建立规范的公务员工资制度和工资管理体系。尤其要建立和完善公务员和党政领导干部个人财产登记、收入申报和财产公开制度，完善国有企事业单位收入分配规则和监管机制。……要强化高收入阶层个人所得税的征管力度"①。

三　完善利益补偿机制

合理的利益补偿机制是化解利益矛盾，实现利益整合，维护社会稳定的有效工具。建立和完善利益补偿机制主要是通过制度设计、政策安排等方式解决社会强势群体与弱势群体的利益不均衡问题，进而保护弱势利益群体，其主要内容是改革和完善社会保障体系。根据党的十九大报告的统筹规划，要"按照兜底线、织密网、建机制的要求，全面建成覆盖全民、城乡统筹、权责明晰、保障适度、可持续的多层次社会保障体系"②。要扩大社会保险的覆盖面，健全和完善各项社会保险制度，真正解决全体劳动者在老年、疾病、工伤、失业等方面的后顾之忧。要健全和完善覆盖全民的多元化的医疗保障体系，解决城乡居民的医疗保障问题。要完善大病保险制度，针对不同人群设置不同的支付起点和支付方式，真正让更多的人不再为担负不起大病费用而发愁。要在促进经济持续增长的基础上，加大财政投入，促进老年人福利、残障人群福利、妇女儿童福利以及教育福利事业的快速发展。要扩大社会保障事业筹资的渠道，尤其是要积极促进慈善事业的发展，制定相关法律规范慈善事业，制定适合我国国情和国际惯例的慈善事业税收减免政策，推动慈善事业有序健康发展。要以更高的标准和更严格的工作做好精准扶贫工作，努力实现农村贫困人口不愁吃、不愁穿，及其义务教育、基本医疗、住房安全有保障，收入水平和人均可支配收入增长幅度高于全国平

---

① 汤志华：《中国共产党利益整合能力建设研究》，中国社会科学出版社2010年版，第137页。

② 习近平：《决胜全面建成小康社会　夺取新时代中国特色社会主义伟大胜利——在中国共产党第十九次全国代表大会上的报告》，人民出版社2017年版，第47页。

均水平。

此外，在缩小收入分配差距的同时，还要加大改革力度，消除其他社会不公平问题。这些问题主要包括公权力缺乏监督造成的腐败问题、社会公共资源配置不公平、社会机会不均等。收入分配差距是人民的物质利益需求得不到合理满足的集中体现，其他各种不公平问题的产生会加剧人民因物质利益得不到合理满足而产生的不理性情绪，可能引发社会问题和社会矛盾。当人民的物质利益需求得到相对合理满足时，其他社会不公平问题却得不到合理解决时，依然会引发各种问题。因此，要加大改革力度，着力解决其他各种社会不公平问题。第一，要健全和完善公权力的监督制约机制，形成强有力的权力监督制约体系。其中，一项关键举措是要将"权力关进制度的笼子里"，使权力在充分的制约和监督下运行，真正做到权为民所用。在现实政治生活中，要将"打老虎""拍苍蝇""猎狐"行动坚决进行到底，努力换来海晏河清、朗朗乾坤。第二，要重塑政府科学配置公共资源的基础性职能，努力为广大人民群众满足基本需求提供机制化的公共服务，让人民充分享有改革发展的成果。第三，要改革完善户籍制度让农民更好地融进城市，建立公正、开放的社会流动机制，为人民创造均等的发展机会，促进阶层之间的流通。以此，使每个阶级、阶层的公民能够充分融进改革的潮流中，共享改革发展的成果，改善生活境遇，提高生活质量。

总之，在现实社会中通过各种完善的机制满足各个群体人民的利益需求，可以让人民感受到中国特色社会主义的优越性，提振全国人民坚持走中国特色社会主义道路的信心，增进人民对社会主义核心价值观的认同，进而为网络空间社会主义核心价值观认同价值建设提供强大的支撑力。

第五节　示范引领与扩散传播机制

在构建网络空间社会主义核心价值观认同主体机制的过程中，要注重在典型网民群体中深入务实地开展社会主义核心价值观认同教育。这些典型网民群体包括党员领导干部、公务员、教师、青少年学生群体。

他们对社会主义核心价值观的认可、接受、共享和内化对社会主义核心价值观在网络空间的培育和践行起着至关重要的作用。领导干部、公务员和教师网民群体在社会主义核心价值观认同方面具有典型示范作用，而青少年学生网民群体在增长潜力和总体规模上居于优势，能够保障社会主义核心价值观认同的实际效果。因此，网络空间社会主义核心价值观认同主体机制中的示范引领和扩散传播机制是指社会主义核心价值观的宣传和推广应该注重发挥典型网民群体的示范引领和扩散传播效应，发挥他们引领社会主义核心价值观建设发展方向、传承文明和展现扩散传播效应的作用。

一　发挥党员领导干部网民群体的带头示范作用

党员领导干部在社会主义建设事业中起着带头示范作用，是党和国家机关开展工作的关键力量。培育和践行社会主义核心价值观事业的规划设计、组织实施，以及模范践行，党员领导干部都是首要的并且一定是首批学习主体。他们要在全社会范围内主动认同和实践社会主义核心价值观，为广大网民做好榜样示范作用。对此，习近平总书记强调："广大党员干部要带头学习和弘扬社会主义核心价值观，用自己的模范行为和高尚人格感召群众、带动群众。"①

回顾中国共产党发展的历史，我们会发现中国共产党是一个重视学习，也善于学习的政党。由此，逐渐形成了各级党校（行政学院）干部学院培训系统，着力解决党员干部的学习培训问题。正因为中国共产党历来重视学习、善于学习，与时俱进努力掌握和运用马克思主义的立场、观点、方法，努力掌握和运用科学的新思想、新知识、新经验，以改革创新精神提高领导干部的党性修养和理想信念教育水平，注重以马克思主义中国化的最新理论成果武装全党，才使得中国共产党始终走在时代前列，引领中国人民开创了中国特色社会主义的新局面。国外政要评价中国共产党取得巨大成就原因时说：只要中国共产党继续学习，继续做出正确的发展决策，继续鼓励各行各业的创造性，它将一直是中国

---

① 《用社会主义核心价值观凝心聚力——关于建设社会主义文化强国》，《人民日报》2016年5月5日。

发展的发动机。

　　然而，改革开放以来，随着世情、国情、党情的变化，一些领导干部经受不住各种诱惑，慢慢在党性修养和理想信念方面出现了问题，违反党纪党规，甚至违法犯罪。这成为培育和践行社会主义核心价值观的障碍，而且也消减着社会主义核心价值观认同的效果。党的十八大以来，在推进全面从严治党的过程中，通过强力反腐，查出了大量的问题。截至党的十九大召开以前，共立案审查省军级以上党员干部及其他中管干部440人，其中中央委员、候补中央委员有43人，中央纪委委员有9人。此外，厅局级和县处级领导干部数量更多。然而，依然有很多党员领导干部在党的十九大后不收敛、不收手。据《中国纪检监察报》报道，从党的十九大闭幕到2018年底，中央纪委国家监委立案审查调查了中管干部77人。① 从被查处的这些领导干部来看，他们的问题主要表现为，一是信仰迷失。他们对中国特色社会主义共同理想、共产主义远大理想和马克思主义指导思想表示怀疑，甚至放弃，转而陷入迷信，或者一切向"钱"看。二是毫无政治理念。有的领导干部为了自己的升迁，或者为了牟利，违反政治纪律，私下拉帮结派，搞团团伙伙，把官场人际关系当成一种投资，千方百计找"靠山"、傍"大树"；有的领导干部为了升迁，挖空心思接待领导、请客吃饭，给领导送钱送礼；有的人为了"挤进"干部队伍，大胆对自己的学历、家庭情况、入党申请书等造假，等等。三是道德人品出现问题。一些领导干部个人生活不自律，经常出入高档的消费性娱乐会所，甚至包二奶、养情人。四是漠视法律，知法犯法。一些领导干部受传统思想的影响，被法律虚无主义思潮"俘获"，重人治，轻法治，甚至故意知法犯法。这些问题的存在，严重败坏了党纪国法，损害了党的形象，影响了党的执政合法性。对此，必须严厉惩治。

　　其中，非常重要的一项工作就是要加强党员领导干部带头学习和践行社会主义核心价值观。党员领导干部率先学习和践行社会主义核心价值观，有利于改善中国共产党的形象，提高人民群众对中国共产党的满

---

　　① 《注意！十九大以来被查的77名中管干部都存在这两个问题》，2019年3月18日，http://fan-fu. people. com. cn/n1/2019/0318/c350251 – 30980935. html。

意度和支持率，增强广大网民学习和践行社会主义核心价值观的积极性。为此，党员领导干部要认真学习和践行社会主义核心价值观，以此来带动党风、家风和民风的正向转变。具体来说，一是要提高党员领导干部的自身修养。要通过理想信念教育这项党的建设基础工程不断夯实党员领导干部的理想信念。现阶段，可以借助"不忘初心、牢记使命"主题教育，使党员领导干部在理论学习和实践养成中增强对马克思主义指导思想、中国特色社会主义共同理想和共产主义远大理想的信仰，补足精神上的"钙"，提高自身免疫力。二是要重视加强领导干部的家风建设。中国共产党是社会主义事业的领导核心，而党员领导干部在党的组织结构中居于重要的位置。可见，领导干部的家风建设就显得非常重要。可以说，领导干部的家风建设不是小事或家庭私事，而是关乎党的前途命运的大事。因此，要把领导干部的家风建设纳入党的作风建设内容之中。2016 年 1 月，习近平总书记在十八届中央纪委六次全会上的讲话中强调指出："抓作风建设要返璞归真、固本培元，在加强党性修养的同时，弘扬中华优秀传统文化。领导干部要把家风建设摆在重要位置，廉洁修身、廉洁齐家。"① 要健全和完善领导干部家风建设的体制机制。要通过引导党员领导干部自觉加强党性修养和理论学习，做好家庭的表率，同时还要运用家规家训规范对其子女、配偶的家庭教育。要把家风建设纳入领导干部考核指标之中，建立和完善家风建设示范的问责机制。三是要引导党员领导干部自觉践行依法治国的理念、忠于职守的职业精神、务实清廉的工作作风，从而使党员领导干部真正成为学习和践行社会主义核心价值观的示范者。

二　发挥公务员网民群体的典型示范作用

公务员是一个特殊的群体。这种特殊性在于他们既是公民权利的代理人，又具有普通公民的身份。就第一种身份而言，公务员无论在现实社会，还是在网络空间都是国家权力的具体实践者，他们的一言一行都会直观地反映在人民群众中，是国家形象和社会主义核心价值观学习、

---

① 习近平：《坚持全面从严治党依规治党　创新体制机制强化党内监督》，《人民日报》2016 年 1 月 13 日。

践行的"表现窗口"。① 随着信息技术和通信技术的深入发展，互联网思维已经深刻影响到公务员群体，改变着公务员队伍的工作思维、工作模式和内容。公务员必须顺应互联网时代发展的潮流，不断提高对互联网规律的把握能力、对网络舆论的引导能力、对信息化发展的驾驭能力、对网络安全的保障能力。所以，认知、理解、接受和内化社会主义核心价值观是公务员网民工作和生活价值取向的必然要求。

　　加强公务员网民群体对社会主义核心价值观的体验和认同，需要集中做好两方面工作。一是要以社会主义核心价值观引领公务员廉政道德建设。要把理想信念和社会主义核心价值观教育纳入公务员录用、考核、晋升等的各个环节，形成全程教育。要通过各种方式让公务员在理论学习和实践教育中深刻理解社会主义核心价值观的内容，并内化为自身的行为规范。如可以通过党校、干部学院等基地加强公务员对社会主义核心价值观的理论学习，通过交流讨论、实地调研、实践活动等方式，加深公务员对社会主义核心价值观内容的领悟。二是要建立完善的体制机制，帮助公务员确立勤政爱民、清正勤俭的公仆意识，并通过各种指标评价公务员落实社会主义核心价值观的效果，且纳入考核。

三　发挥教师网民群体的引领辐射作用

　　教师是履行教学职责、具备相应资格的专业人员。中国特色社会主义教育要解决"培养什么人、怎样培养人、为谁培养人"这个根本问题，要把落实立德树人作为根本任务。而"教师是人类灵魂的工程师，是人类文明的传承者，承载着传播知识、传播思想、传播真理，塑造灵魂、塑造生命、塑造新人的时代重任"②，是落实立德树人根本任务的责任和实施主体。从这个意义上讲，教师不仅是社会主义核心价值观认同主体的重要组成部分，更是社会主义核心价值观的传播者和培育者。教师群体对社会主义核心价值观的认知、理解、接受和内化对广大受教育者会产生潜移默化的作用，会影响他们的价值取向和价值选择。因此，

---

　　① 郑爱龙：《网络社会与社会主义核心价值观认同》，安徽师范大学出版社 2016 年版，第 119 页。
　　② 习近平：《坚持中国特色社会主义教育发展道路　培养德智体美劳全面发展的社会主义建设者和接班人》，《人民日报》2018 年 9 月 11 日。

在现实生活中发挥教师网民群体学习、践行社会主义核心价值观的引领作用，可以对学生网民群体产生直接的影响，有助于引导学生进行正确的价值选择，树立正确的价值取向，进而规范自己的网络行为。当然，教师网民群体在学习、践行社会主义核心价值观方面的言行也会对其他网民群体起到示范、引领和辐射作用。

当前，教师群体中存在一些问题，影响着教师群体在学习、践行社会主义核心价值观方面的引领辐射作用。这些问题集中表现为教师失德失范：在其他场合有损害党中央权威、违背党的路线方针政策的言行，有从事本职工作以外的兼职兼薪行为，有学术不端行为，对学生有猥亵和性骚扰行为，与学生家长交往过程中的谋取私利行为，等等。如 2017 年北京师范大学教师史某某在网上发布不正当言论，逾越意识形态红线，违反政治纪律，被解聘；2018 年，厦门大学助理教授周某某以"东海道子"的网名在网上发表错误言论，歪曲历史事实，损害党和国家形象，被学校解聘；"2019 年，教育部通报了 6 起教师违规违纪的典型案例：湖南文理学院教师刘某某私自收取并侵占学生费用、上海海事大学教师姜某某学术不端、扬州大学教师华某某和广东潮州市饶平县华侨中学教师吴某某性骚扰学生、内蒙古包头回民中学教师贾某有偿给学生补课、广西百色市实验小学教师蒋某某歧视体罚学生和为校外培训机构介绍生源，被所在学校开除、通报或降级处分"①，等等。这些问题的存在严重影响了教师群体的形象，对教师群体在学习、践行社会主义核心价值观方面引领辐射作用的发挥产生了极大负面影响。

要发挥教师群体作为社会主义核心价值观培育者、示范者、传播者的作用。第一，要加强各级学校教师的师德师范建设，引导广大教师爱国爱岗、敬业友善，以此带动学生树立正确的价值观。各级学校要紧紧抓住立德树人的根本任务，促进学校制度建设和考核机制向育人发力，向德育聚焦。要对教师的师德师范考核实现常态化，将其纳入考评体系，从多个角度、多个层面对教师师德师范做出细致规定，使教师在课上课下都成为模范代表，要严惩违反师德师范的教师。要将这项工作作

---

① 《教育部公开曝光 6 起违反教师职业行为十项准则典型案例》，2019 年 7 月 31 日，http：//www. moe. gov. cn/s78/A10/moe_601/201907/t20190731_393178. html。

为学校社会主义核心价值观建设的重要工作，并在此基础上着重发挥学校党团系统的教师和工作人员、班主任、辅导员和正式在编的教师队伍的作用，使他们自觉做社会主义核心价值观的示范者、传播者。

教师是学生成长的引路人。只有各级教师加强自身修养，以实际行动践行社会主义核心价值观，才能引导学生树立正确人生观、价值观和世界观。从社会主义核心价值观公民层面的内容来看，其一，要爱国。各级教师要深刻认识中国近代以来历史所证明的道理：只有社会主义才能救中国，只有中国特色社会主义才能发展中国。要坚定对中国特色社会主义道路、理论、制度和文化的自信，要以一颗"中国心"守住对国家共同事业的忠诚，要树立"国家兴则公民兴"的价值取向。其二，要敬业。教师要从道德内省的角度树立职业信仰，像热爱生命一样热爱本职工作，将辛勤工作作为实现人生目标和人生价值的唯一方式。要从社会实践和行为表达的角度，尊重和认同教师职业，热爱和珍惜教师工作，以勤奋的态度，把教师工作做好，做到精益求精。其三，要诚信。教师要做到对学生、对知识、对工作真诚，成为道德规范的引领者。其四，要友善。教师要在本职工作中做到与同事、领导、学生之间相互尊重、相互理解宽容、和谐相处。教师自身修养的提升、职业精神的坚守是发挥社会主义核心价值观实践者、传播者作用的前提。

第二，要提高教师业务水平，鼓励教师运用多种教学手段传播社会主义核心价值观。教育者的思想和价值取向对受教育者具有示范和引领作用。因此，要引导教师主动承担起关于社会主义核心价值观"传道、授业、解惑"的任务，尤其是思想政治理论课教师群体必须正确掌握各门课程的基本原理和核心观点，运用正确的立场、观点和方法开展教学活动，并将理论与实践相结合，增强思想政治理论课的说服力、感染力和亲和力。对此，习近平总书记在学校思想政治理论课座谈会上的讲话中指出：办好思想政治理论课关键在教师，关键在发挥教师的积极性、主动性、创造性。思政课教师，要给学生心灵埋下真善美的种子，引导学生扣好人生第一粒扣子。第一，政治要强。第二，情怀要深。第三，思维要新。第四，视野要广。第五，自律要严。第六，人格要正。① 要把理论课堂和实践课堂两个载体用好，实现二者的深度融合。要适应互联网发展变化的要求，将社会主义核心价值观教育进行线上和线下同步推进，丰富教育的内容和手段，增强社会主义核心价值观教育的效果。

第三，要将学校的制度设计与社会主义核心价值观的基本要求相结合，建立和完善社会主义核心价值观培育和践行的有效机制。要把宣传贯彻社会主义核心价值观与教师的生活和工作实际相结合，使价值观教育在全体教师利益得到满足的基础上真正在现实中落地生根，起到实质性作用。要不断深化改革，使学校改革与教师诉求的实现相统一，不断增强教师对社会主义核心价值观的认同感，并自觉将其内化于心、外化于行。只有如此，才能真正发挥教师群体在学习、践行社会主义核心价值观过程中的引领辐射作用。

四　发挥青少年学生网民群体学习主体和扩散传播的作用

从当前我国网民数量和职业结构来看，学生网民占网民总体数量的26%，是我国所有职业中占比最大的网民群体。青少年学生是指尚处于学校学习时期的广大受教育者，涵盖就读于我国初等教育、中等教育、高等教育以及其他特殊教育阶段的学生。青少年学生正处于人生观、价值观发展不成熟或半成熟的状态，是未来社会主义现代化建设的中坚力量，也是学习、践行社会主义核心价值观的主体。2019 年，习近平总书记在纪念五四运动 100 周年大会上的讲话中指出："青年是整个社会力量中最积极、最有生气的力量，国家的希望在青年，民族的未来在青年。……新时代中国青年要自觉树立和践行社会主义核心价值观，善于从中华民族传统美德中汲取道德滋养，从英雄人物和时代楷模的身上感受道德风范，从自身内省中提升道德修为，明大德、守公德、严私德，自觉抵制拜金主义、享乐主义、极端个人主义、历史虚无主义等错误思想，追求更有高度、更有境界、更有品位的人生，让清风正气、蓬勃朝气遍布全社会!"① 这说明社会主义核心价值观在青少年群体中的培育和践行是一个重大的理论与实践问题。青少年正处于人生成长的关键时期，要在这个关键阶段为青少年系好良好价值观养成的"扣子"，并使其身体力行将良好的价值观推广到全社会，为社会主义核心价值观在更广范围内传播奠定基础。

要发挥青少年学生网民群体学习、践行社会主义核心价值观扩散传播的作用，首先要发挥青年大学生网民群体的关键作用。青年大学生是青少年学生中的关键群体，正处于思想活跃、价值观定型时期。因此，第一，要把信仰教育作为大学生学习、践行社会主义核心价值观的灵魂工程。要引导大学生领略社会主义核心价值观本身的理论魅力，并在此基础上引导大学生夯实马克思主义信仰的基础，坚定中国特色社会主义共同理想和共产主义远大理想。第二，要坚持"思政课程"与"课程思政"的有效结合。要将德育课程作为在大学生中培育社会主义核心价值观的基础载体，实现德育课程教育方式、教学内容创新，对大学生进行立体化的社会主义核心价值观教育。同时，要发挥其他学科、其他课程的育人作用，加强"课程思政"建设，在其他课程中更多融入育人的内容，实现各个学科、各门课程同向发力，使大学生接受更加全面的社会主义核心价值观教育。第三，要将文化认同作为在大学生中培育社会主义核心价值观的奠基工程。克拉夫特认为："人们所相信的绝对价值，只是在一定的文化共同体中成为不言而喻的那些价值和命令。仅当人们预设一些为世人普遍接受的基本规范时，才能从中推论出一些作为客观有效的特殊的价值判断。"② 因此，要将社会主义核心价值观教育融入大学生对中华文化认同的事业中，以文化为载体，以语言和话语为媒介，使大学生从心灵深处感受到社会主义核心价值观的魅力，增强对中华文化和社会主义核心价值观的认同。第四，要将网络育人与实践育人相结合，作为大学生学习、践行社会主义核心价值观的重要途径。网络空间是一个全新的空间。要将其作为对大学生社会主义核心价值观宣传教育

---

① 习近平:《在纪念五四运动 100 周年大会上的讲话》，2019 年 4 月 30 日，http://news.cctv.com/2019/04/30/ARTI1nViEkorLhVfeR0EZlsM190430.shtml。

② ［奥］克拉夫特:《维也纳学派》，李步楼、陈维杭译，商务印书馆 1999 年版，第 146 页。

的前沿阵地。要借助各种网络媒体，创新网络话语，探索各种方式对大学生进行社会主义核心价值观教育。同时，还要重视社会实践在大学生社会主义核心价值观教育中的重要作用。实践是理论产生的基础和根基，是检验理论正确与否的唯一标准。要把社会主义核心价值观教育向大学生日常生活的领域引导，构筑多样化的大学生社会实践平台，让大学生在社会实践中验证社会主义核心价值观的正确性、科学性，夯实对社会主义核心价值观认同的心理基础。

关于整个青少年学生网民群体的社会主义核心价值观培育问题，首要工作就是推进价值观教育范式的与时俱进，要从以往"强调矫治功能的'消极心理学范式'的传统价值观教育转向基于中国社会文化—心理价值观取向、突出发展功能的'积极心理学范式'的现代价值观教育"①。也就是说，要从促进青少年健康成长的角度出发，运用积极心理学理论与方法，探索创新当代青少年社会主义核心价值观学习教育的模式和机制，铸造青少年的积极人格、品质，增强青少年对社会主义核心价值观的积极体验，以及他们对社会主义核心价值观的认同。以此为基础，借助课堂教育、校园文化、网络教育、社会实践、家庭生活等多种手段和方式，加强青少年学生的社会主义核心价值观教育，使他们真正在心理上认同、在实践中落实，对其他群体形成传播、扩散和带动作用。

总之，现实生活中典型网民群体对社会主义核心价值观的认可、内化、践行将对其他网民群体起到典型示范、引领辐射、传播扩散的作用，将有助于网络空间社会主义核心价值观的培育和践行。

---

① 李金和：《当代中国核心价值体系建设的理论与实践》，知识产权出版社 2012 年版，第 190 页。

第五章 网络空间社会主义核心价值观认同的客体机制

　　网络空间社会主义核心价值观认同的客体是社会主义核心价值观。社会主义核心价值观的形成经历了一个长期过程。要正确梳理和分析改革开放以来中国共产党探索建设社会主义核心价值观的历程、经验和启示，为在网络空间大力培育和践行社会主义核心价值观提供科学认识。以此为基础，要从关系协调机制、目标导向机制、发展完善机制入手系统构建网络空间社会主义核心价值观认同的客体机制。

第一节　改革开放以来中共探索建设社会主义核心价值观的历程与启示

　　改革开放开启了中国特色社会主义实践的纪元。而社会主义核心价值观在中国特色社会主义建设实践中起着精神支撑和目标指引的作用。梳理和分析改革开放以来中国共产党探索建设社会主义核心价值观的历程，可以为在网络空间大力培育和践行社会主义核心价值观提供认识基础。

一　改革开放以来中共探索建设社会主义核心价值观的历程

　　科学理论的形成不是一蹴而就的事情，需要经历一个客观的发展过程。这一过程可能相对顺利，也可能要遇到诸多困难，经历百般挫折，甚至要接受时间的淘洗。改革开放以来，社会主义核心价值观系统理论的形成经历了一个从自发到自觉的过程。期间，中国共产党以非凡的理论勇气和坚定的政治立场克服了来自各方面的挑战，成功探索形成了社会主义核心价值观理论体系的基本框架。

（一）找到法宝：实事求是思想路线的重新确立

建设社会主义核心价值观必须以科学的世界观和方法论为指导，这是在理论与实践层面探索建设社会主义核心价值观的根本思想前提。马克思主义是中国特色社会主义的指导思想，它内含着辩证唯物主义和历史唯物主义的世界观和方法论。而这种科学世界观和方法论的集中体现就是中国共产党所坚持的"实事求是"思想路线，实事求是思想路线是中国共产党带领人民取得革命、建设和改革事业成功的法宝。1941 年，毛泽东在《改造我们的学习》一文中首次科学阐明了思想路线的内涵。他指出，"'实事'就是客观存在着的一切事物，'是'就是客观事物的内部联系，即规律性，'求'就是我们去研究"①。然而，中国共产党在这一思想路线指导下取得中国革命胜利后，并没有在之后的岁月中始终坚持，而是一度长期偏离这一路线，并导致其在探索建设社会主义的过程中犯了不少错误。这也影响了中国共产党对社会主义核心价值观的探索。"文化大革命"结束以后，打破"两个凡是"的思想束缚，真正实事求是地根据中国国情探索一条有中国特色的社会主义建设道路，就成为中国共产党在新的历史时期领导全国人民继续前进，并开拓新局面的关键。邓小平准确及时地抓住了这个关键，首先从思想路线的高度进行了拨乱反正。1978 年 5 月，在邓小平的指导下，全国范围内掀起了一场关于真理标准问题的大讨论。邓小平先指出了这场讨论的实质。他认为，"这个问题不是小问题，而是涉及到怎么看待马列主义、毛泽东思想的问题"②。接着，他又肯定了这场争论的重要性。他指出，"关于真理标准问题的争论，的确是个思想路线问题，是个政治问题，是个关系到党和国家的前途和命运的问题"③。最后，邓小平直接在党的十一届三

---

① 《毛泽东选集》第 3 卷，人民出版社 1991 年版，第 801 页。
② 《邓小平文选》第 2 卷，人民出版社 1994 年版，第 114 页。
③ 同上书，第 143 页。

中全会主题报告《解放思想，实事求是，团结一致向前看》中严正指出："实事求是，是无产阶级世界观的基础，是马克思主义的思想基础。过去我们搞革命所取得的一切胜利，是靠实事求是；现在我们要实现四个现代化，同样要靠实事求是。"① 这标志着中国共产党实事求是思想路线的重新确立。明确地讲，这条路线的内容包括，实事求是，一切从实际出发，理论联系实际，坚持实践是检验真理的唯一标准。此后，中国共产党还将实事求是思想路线的时代特点概括为解放思想、与时俱进、求真务实。可以说，党的思想路线的重新确立，及其进一步丰富、发展和完善，为我们在新的历史时期建设中国特色社会主义，探索建设社会主义核心价值观提供了科学的世界观和方法论指导。

（二）筑起平台：社会主义本质理论的形成

建设社会主义核心价值观必须在真正认识社会主义本质内涵的前提下开展。从理论层面讲，社会主义核心价值观是中国特色社会主义的精神引领和价值旨归。但是，中国特色的社会主义到底是什么呢？如果解答不了这个问题，建设社会主义核心价值观就会失去基础，沦为空谈。因此，中国共产党必须明确回答这一重大命题。20 世纪 80 年代，由于中国在实施改革开放过程中缺乏经验，而且经济与政治两个领域同时进行，改革速度过快，力度过大。结果，导致经济领域物资短缺，物价飞涨；政治领域资产阶级自由化思潮泛滥。在这种情况下，改革一度停滞。那么，中国的改革是否要继续？如何推进？邓小平意识到：问题的根源在于，自社会主义制度建立以来，我们没有真正弄清"什么是社会主义，怎样建设社会主义"这一根本问题。正因如此，我们在实施改革开放，建设社会主义的过程中产生了迷茫，陷入了困境。为此，邓小平在南方谈话中首次精辟阐明了社会主义的本质内涵。他指出"社会主义的本质，是解放生产力，发展生产力，消灭剥削，消除两极分化，最终达到共同富裕"②。这一理论的提出，打破了传统的社会主义观，实现了对"什么是社会主义"问题认识的突破："在解放生产力、发展生产力的问题上，突破了离开生产力抽象地谈论社会主义的传统观念；在消灭

---

① 《邓小平文选》第 2 卷，人民出版社 1994 年版，第 143 页。
② 《邓小平文选》第 3 卷，人民出版社 1993 年版，第 373 页。

剥削、消除两极分化的问题上，突破了离开生产力的发展盲目追求一大二公三纯的社会主义生产关系的传统观念；在共同富裕问题上，突破了搞平均主义导致共同贫穷的传统观念。"这一理论的提出促进了人们关于社会主义认识的根本转变，是中国共产党对科学社会主义理论的创新发展，也成为中国特色社会主义的理论指导和中国特色社会主义理论体系的直接思想来源。更重要的是，社会主义本质理论的形成为探索建设社会主义核心价值观提供了基本依托。可以说，社会主义本质理论是社会主义核心价值观的"理论内核与存在根基"①。这表现在两个方面。一是，社会主义本质理论为社会主义核心价值观建设提供了理论因循和价值航道。二是，社会主义本质理论为中国特色社会主义注入了鲜活的生命力，使中国特色社会主义有了灵魂和方向，从而为探索建设社会主义核心价值观提供了存在场域和实践平台。

（三）理论预热："社会主义核心价值体系"命题的提出

建设社会主义核心价值观在理论方面要经历一个循序渐进的过程，对社会主义核心价值观内容的认识也要由表及里，从边缘及至内核。中国共产党一开始并没有着重强调要建设"社会主义核心价值观"，而是首先进行了理论"热身"，提出了"社会主义核心价值体系"这一命题。党的十六届六中全会通过的《中共中央关于构建社会主义和谐社会若干重大问题的决定》（简称《决定》）首次明确提出了社会主义核心价值体系的命题。《决定》指出："马克思主义指导思想，中国特色社会主义共同理想，以爱国主义为核心的民族精神和以改革创新为核心的时代精神，社会主义荣辱观，构成社会主义核心价值体系的基本内容。"② 2007年，胡锦涛同志在中央党校省部级领导干部研修班发表的重要讲话中强调，要大力建设社会主义核心价值体系，巩固全党全国各族人民团结奋斗的共同思想基础。党的十七大报告又指出，社会主义核心价值体系是社会主义意识形态的本质体现。党的十七届六中全会进一步从社会主义

---

① 樊跃发、高晓强：《邓小平社会主义本质论与社会主义核心价值观的内在联系》，《山西高等学校社会科学学报》2015 年第 1 期。

② 中共中央文献研究室：《十六大以来重要文献选编》（下），中央文献出版社 2008 年版，第661 页。

文化建设的角度分析了社会主义核心价值体系的重要性。具体来说，"社会主义核心价值体系是兴国之魂，是社会主义先进文化的精髓，决定着中国特色社会主义的发展方向"[①]。党的十八大报告更是从社会主义意识形态建设的高度再一次强调了社会主义核心价值体系的重要性。就社会主义核心价值体系的内容来讲，其四个部分相互联系、相互贯通、相互促进，构成了一个有机的统一整体。马克思主义指导思想是社会主义核心价值体系的灵魂，居于最高层，是对作为人们认识世界、改造世界强大思想武器的马克思主义的价值认同。中国特色社会主义共同理想是社会主义核心价值体系的主题，是全国各族人民团结奋斗的强大动力。以爱国主义为核心的民族精神和以改革创新为核心的时代精神，是社会主义核心价值体系的精髓，是对实现共同理想动力之源的价值认同。社会主义荣辱观是社会主义核心价值体系的基础，是对公民思想行为选择标准的价值认同。社会主义核心价值体系命题的提出、内容的明确为社会主义核心价值观命题的提出奠定了良好基础。从内容方面看，社会主义核心价值体系坚持了唯物主义的世界观和方法论，夯实了人们关于现代国家建设共同理想、动力源泉和公民思想行为选择标准的认同，从而为社会主义核心价值观内容的凝练提供了思想沃土。

（四）正式出场："社会主义核心价值观"命题的正式提出、发展和完善

当有了科学世界观和方法论的指导、社会主义本质理论的奠基和社会主义核心价值体系理论的预热之后，社会主义核心价值观命题的正式提出、发展和完善就成了顺理成章的事情。当然，社会主义核心价值体系与社会主义核心价值观两个命题的提出并非绝对一先一后的关系，也不是在社会主义核心价值体系理论完全成熟以后才提出后一命题。这两个命题几乎是在同一时间段提出的。只不过，中国共产党在对社会主义核心价值体系的内容进行了系统建构之后，才正式对社会主义核心价值观的内容进行了凝练和完善。自 2006 年中国共产党提出社会主义核心价值观的命题之后，经官方、学术界和社会各界人士的共同努力，党的十

---

① 胡锦涛：《中共中央关于深化文化体制改革　推动社会主义文化大发展大繁荣若干重大问题的决定》，《人民日报》2011 年 10 月 26 日。

八大报告首次从国家、社会和公民三个层面对社会主义核心价值观的内容做了初步概括，即"富强、民主、文明、和谐，自由、平等、公正、法治，爱国、敬业、诚信、友善"①。随后，习近平总书记阐明了社会主义核心价值观对于中国特色社会主义的重要性。他指出，社会主义核心价值观"体现了社会主义意识形态的本质要求，体现了社会主义制度在思想和精神层面的质的规定性，凝结了社会主义先进文化的精髓，是中国特色社会主义道路、理论体系和制度的价值表达"②。此外，习近平总书记还强调："我们要从巩固全党全国各族人民团结奋斗的共同思想基础、巩固党的执政地位的战略高度，把培育和弘扬社会主义核心价值观作为凝神聚气、强基固本的基础工程，作为一项根本任务，切实抓紧抓好。"③ 鉴于社会主义核心价值观的重要性，我们必须在实践中积极培育和践行社会主义核心价值观。因此，2013 年 12 月，中共中央办公厅印发了《关于培育和践行社会主义核心价值观的意见》。这成为我们在实践中培育和践行社会主义核心价值观的指导纲领。当前，中国共产党已经领导人民在家庭、学校与社会教育、文化建设、国际交流、网络空间等领域积极培育和践行着社会主义核心价值观，并取得了显著成效。社会主义核心价值观内容的凝练、重要性的表述和实践纲领的出台，并不意味着这项事业的休止，还需在此基础上对社会主义核心价值观的理论体系进行充实和完善。

二　改革开放以来中共探索建设社会主义核心价值观的历史经验

科学理论的形成过程就是理论创造者进行思想试错和调试的过程。期间，理论创造者会将一些有助于推进理论向前发展的感受累积起来，作为理论创新的基础。中国共产党在崎岖的前进道路上探索建设社会主义核心价值观的过程中，经历了考验，也积累了经验。这些经验为我们

---

① 胡锦涛：《坚定不移沿着中国特色社会主义道路前进　为全面建成小康社会而奋斗——在中国共产党第十八次全国代表大会上的报告》，人民出版社 2012 年版，第 31—32 页。

② 中共中央宣传部：《习近平总书记系列重要讲话读本》，学习出版社、人民出版社 2014 年版，第 93 页。

③ 同上书，第 94 页。

继续发展和完善社会主义核心价值观理论体系提供了可靠依据。

（一）坚持以马克思主义为指导是社会主义核心价值观彰显科学性的魅力所在

马克思主义指导思想是社会主义核心价值观的理论基础和思想灵魂，决定着社会主义核心价值观的性质。马克思主义产生于西欧国家。它是关于自然界、人类社会和人类思维发展的普遍规律的科学，是关于工人阶级、劳动人民和全人类解放的科学，是关于建设社会主义和实现共产主义的科学，是真理与价值的高度统一。历经波折之后，马克思主义传入中国，并在与其他思潮竞争中成为中国共产党的指导思想。它为中国共产党提供了科学的世界观，认识世界和改造世界的立场、观点和方法，是中国共产党探索建设社会主义核心价值观的理论基础和行动指南。

具体来说，第一，中国共产党以马克思主义为指导，带领人民建立了一个独立自主的现代国家，并在此基础上建立了社会主义制度，为社会主义核心价值观建设提供了制度基础。从一定意义上说，"只有社会主义才能救中国，只有中国特色社会主义才能发展中国"，就是马克思主义之于中国，之于中国共产党，之于社会主义核心价值观重要性的真实写照。社会主义核心价值观是与资本主义核心价值观（"普世价值"）相对应的一个概念。它以马克思主义为指导，是社会主义制度的本质体现，与资本主义核心价值观有着质的区别。只有用马克思主义武装全党、教育人民，才能真正发挥马克思主义认识世界和改造世界的强大思想武器的作用，才能保证探索建设社会主义核心价值观全过程的顺利进行，从而彰显社会主义核心价值观的科学魅力。

第二，实事求是的思想路线是马克思主义科学世界观和方法论的集中体现，是保证社会主义核心价值观建设不偏离航道的定位器。马克思主义的唯物论和辩证法要求我们必须以客观的、历史的、联系的和发展的观点看问题，避免陷入教条的、僵化的、静止的认识误区。当我们坚持实事求是思想路线的时候，社会主义核心价值观建设就能持续、顺利进行。而当我们偏离实事求是思想路线的时候，社会主义核心价值观建设就会陷入误区，遭遇挫折。因此，我们要始终贯彻实事求是的思想路线，坚持勇于追求真理和探索真理的精神。

（二）直面重大现实问题是社会主义核心价值观保持生命力的关键所在

回应和解答重大现实问题，是社会主义核心价值观生命力的重要体现。改革开放以来，尽管中国共产党一开始没有明确提出社会主义核心价值观的概念，但实践中却在自发地践行着社会主义核心价值观。比较集中的表现就是，直面重大现实问题，并以马克思主义为指导科学研究和解决这些问题。

第一，要在探索建设社会主义核心价值观的过程中做到能够发现问题、提出问题。"问题是时代的最强音，它直接反映一个时代不断变化的形势给人们带来的困惑与思考。"① 在时代的剧烈变迁中，在探索中建设社会主义核心价值观的过程中，我们必须保持敏锐的洞察力，及时发现中国特色社会主义发展过程中的重大现实问题，并将这些问题提炼出来，特别是那些关涉中国特色社会主义发展前途和命运的问题。改革开放以来，面对 80 年代资产阶级自由化思潮的泛滥，80 年代末和 90 年代初要不要继续推进经济改革和要不要搞市场经济，以及世纪之交中国共产党在社会变迁过程中如何巩固执政基础、执政地位和 21 世纪中国特色社会主义建设过程中出现的各种不协调问题时，中国共产党选择了以极大的政治勇气来应对，而没有回避。

第二，要在探索建设社会主义核心价值观的过程中善于分析问题。当我们在改革中遇到问题的时候，除了直接面对外，还需科学地分析这些问题。针对上述改革开放过程中出现的问题，中国共产党进行了科学分析，认为出现这些问题的根本原因是我们在思想上没有搞清"什么是社会主义，怎样建设社会主义""建设什么样的党，怎样建设党""实现什么样的发展，怎样发展"。这样的分析把握住了问题的实质，有利于我们科学解答这些问题。

第三，要在探索建设社会主义核心价值观的过程中积极研究并推动问题的解决。准确把握重大现实问题并进行科学分析，只是完成了基础

---

① 王永贵等：《马克思主义大众化及其在江苏实践研究》，人民出版社 2013 年版，第 209 页。

性的工作。更重要的是科学解答这些问题，并推动实践向前发展。为此，中国共产党顺应时代发展，坚持以马克思主义为指导，并从国际比较的视角运用跨学科方法，解答了我们在改革中面对的系列重大现实问题。中国共产党科学论述了社会主义的本质、计划与市场的关系问题，提出了"三个代表"和科学发展观等重要思想，为我们认识"什么是社会主义，怎样建设社会主义""建设什么样的党，怎样建设党""实现什么样的发展，怎样发展"的问题提供了理论指导，更为社会主义核心价值观内容的形成奠定了理论与思想基础。

（三）充分发挥各界力量是持续推进社会主义核心价值观建设的有力保障

建设社会主义核心价值观是一项系统工程，需要各界力量的共同努力。社会主义核心价值观建设也要遵循"实践—认识—再实践—再认识"的循环往复过程。这就需要我们在各个环节进行努力，需要各界力量的共同参与。

第一，要加强顶层设计，科学引导各界力量。中国共产党要在此过程中，充分发挥领导作用，积极做好顶层设计工作。改革开放以来，中国共产党在探索建设社会主义核心价值观的过程中，充分发挥了领导作用。不仅从理论层面，科学回答了一系列关乎中国特色社会主义发展前途的重大现实问题，而且在此基础上出台了一系列指导社会主义核心价值观建设的意见和纲领，为我们在理论与实践层面推进此项工作提供了科学指引。

第二，学术界要在社会主义核心价值观建设过程中发挥理论创新的作用。知识分子是一个国家学术研究的核心力量，在推动重大理论与现实问题解决过程中起着举足轻重的作用。当然，我们这里的"知识分子"包括党内知识分子和党外知识分子。在探索建设社会主义核心价值观的过程中，要充分发挥这两类知识分子的作用。其中，党内知识分子能够紧扣党的政策的核心内涵，把握政策的主导方向，而党外知识分子的学术水平要更胜一筹，可以为解答理论与实践问题提供坚实理论基础。在实践中，我们要充分发挥党内知识分子有效连接中国共产党与党外知识分子的纽带作用，使知识分子群体团结起来在建设社会主义核心价值观的过程中发挥重要作用。只有如此，才能从实质上推进社会主义核心价值观的建设。

第三，要发挥地方政府、社会组织和广大人民群众的作用。社会主义核心价值观建设需要各个领域的相互协作，需要地方政府、社会组织和广大人民群众共同努力。社会主义核心价值观需要各种资源的滋养，而地方核心价值观的培育和实践就是其重要涵养。在探索建设社会主义核心价值观的过程中，一些代表性的地方政府，发动社会组织和人民群众的力量对本地区的价值观进行凝练，并以各种方式践行了区域核心价值观。如浙江省把自己的核心价值观概括为"务实、守信、崇学、向善"，并以各种方式在各地市践行。这为推动社会主义核心价值观建设提供了坚实基础。

三　改革开放以来中共探索建设社会主义核心价值观的现实启示

社会主义核心价值观建设需要从理论与实践两个层面持续推进，而且在这一过程中需要面对纷繁复杂的社会现实，适应瞬息万变的时代节奏。为此，仔细回顾改革开放以来中国共产党探索建设社会主义核心价值观的历程，认真总结中国共产党探索建设社会主义核心价值观的基本经验，可以为我们继续推进该项事业提供重要的现实启示。

（一）要坚持以理论创新引领社会主义核心价值观建设

社会主义核心价值观建设是一个长久、持续的过程。在这个过程中，理论创新是推动该项事业更上层楼的关键。理论创新可以为社会主义核心价值观建设打开更广阔的空间，可以使社会主义核心价值观在内容方面更加丰富、精深，更能推动社会主义核心价值观在实践中的有效传播。改革开放以来，正是由于中国共产党接连破解了"什么是社会主义，怎样建设社会主义""建设什么样的党，怎样建设党""实现什么样的发展，怎样发展"等重大理论与现实难题，才使社会主义核心价值观建设取得了很大成效。当前，社会主义核心价值观建设的重点是培育和践行。而培育和践行社会主义核心价值观的最终目的是让人们认同社会主义核心价值观，并将之内化为自己的行为标准，转化为实际行动。这里，社会主义核心价值观从理论转化为人们实际行动的过程中，关键的环节就是人们对社会主义核心价值观的认同。为此，我们要将理论创新的重点集中在社会主义核心价值观认同问题上。具体来说，要从两方面入手。一是，要进一步凝练社会主义核心价值观的内容，使其表述更加科学，更加精练，为增强价值观认同提供科学基础。二是，要不断深化社会主义核心价值观认同理论的研究，从理论上说明社会主义核心价值观认同的内在机理，构建社会主义核心价值观认同机制的模型。当然，社会主义核心价值观理论创新的内容需要根据现实要求不断地调整和变化，而不能静止于某些特定问题上。

（二）要将社会主义核心价值观融进社会主义意识形态教育

社会主义核心价值观是社会主义意识形态的本质。要使社会主义核心价值观被人们认同，并内化为心理标准，转化为实际行动，就要将社会主义核心价值观融进社会主义意识形态教育的全过程。社会主义意识形态是社会主义社会的重要组成部分，对社会主义建设、改革起着至关重要的作用。它与社会主义核心价值观从一定意义上讲是内容和形式的关系。社会主义核心价值观是对社会主义意识形态的高度凝练和概括，体现了社会主义意识形态的本质和灵魂。社会主义核心价值观价值内容的实现标志着社会主义意识形态建设价值承诺的兑现。从社会主义核心价值观与社会主义意识形态的内在关系出发，为了解决主流价值认同共识的重大现实问题，夯实社会主义意识形态的心理基础，发挥社会主义意识形态引领中国特色社会主义发展的重要作用，就必须将社会主义核心价值观融进社会主义意识形态教育。而思想政治工作、社会主义精神文明和社会主义文化建设是社会主义意识形态教育的重要依托。所以，将社会主义核心价值观融进思想政治工作、社会主义精神文明和社会主义文化建设就是最有效的方法。改革开放以来，中国共产党在探索建设社会主义核心价值观的过程中，充分发挥了思想政治工作、社会主义精神文明和社会主义先进文化的承载作用。如中国共产党在推进社会主义精神文明建设的过程中，开展了坚持以为人民服务为核心，以集体主义为原则的社会主义道德教育，加强了民主法制教育和纪律教育，大力弘扬了爱国主义、集体主义、社会主义和艰苦创业精神，倡导了思想道德建设，发扬了社会主义的人道主义精神，还提出要培育有理想、有道德、有文化、有纪律的公民。这些都充分体现了社会主义核心价值观的内容。以后，我们依然要发挥创造性，将社会主义核心价值观有效融进社会主义意识形态教育的全过程，以此来夯实人们对中国特色社会主义的认同基础。

（三）要坚持对各个阶层进行社会主义核心价值观教育

要使社会主义核心价值观真正被人们接受并认同，必须有针对性地对不同阶层的人员进行有效教育。从中国特色社会主义建设实践来看，社会主义核心价值观教育要实现对各领域、各战线和各行业的全覆盖。就中国特色社会主义各领域、各战线和各行业构成人员来讲，广大工人、农民、知识分子是经济社会发展的主力军和生力军；党政领导干部是党和国家的骨干力量，是中国特色社会主义事业的领导力量；人民军队是国家安全的坚强柱石，是中国特色社会主义事业的保障力量；一切非公有制经济人士和其他新的社会阶层人士，是中国特色社会主义事业的中坚力量；广大青少年是祖国的未来，民族的希望，是中国特色社会主义事业的有生力量。[①] 要团结各阶层人民的共同力量，最大限度凝聚建设中国特色社会主义的共识，必须对他们进行社会主义核心价值观教育。改革开放以来，中国共产党在探索建设社会主义核心价值观的过程中，就非常重视对不同阶层人士的教育。就高校大学生的社会主义核心价值观教育工作而言，1987 年中共中央在《关于改进和加强高等学校思想政治工作的决定》中强调要以马克思主义为指导，培训专门的人才，大力开展思想政治教育。以此为基础，1984 年国家在高校设置了思想政治教育专业。从此，思想政治教育学科成为高校开展社会主义核心价值观教育的重要依托。20 世纪 90 年代，在建设社会主义市场经济体制的背景下，中国共产党又提出以"世界观、人生观、价值观"教育为核心内容，深入推进了思想政治教育工作。就党员干部的社会主义核心价值观教育工作而言，中国共产党在十五大报告中提出，要紧紧围绕"三讲教育"在党员、干部中开展社会主义核心价值观教育。并且，在实践中探索形成了"进百村、访千户"等党风教育活动，科学武装了党员、干

---

① 颜晓峰：《为什么说中国梦归根到底是人民的梦》，《光明日报》2013 年 4 月 1 日。

部的头脑。今后，我们在推进社会主义核心价值观建设的过程中，要从中借鉴，不断创新对社会各阶层人员进行社会主义核心价值观教育的方式，提高社会主义核心价值观认同的实际效果。

第二节　关系协调机制

网络空间社会主义核心价值观认同的内在动力来源于社会主义核心价值观自身的科学性、先进性、引领性和逻辑力量。要进一步提升社会主义核心价值观在网络空间的理论说服力，就必须处理好几对重要关系，即处理好社会主义核心价值观与中国传统文化、社会主义国家建设核心价值观的历史教训和国外主流意识形态的关系。

一　传承与创新：正确处理社会主义核心价值观与中国传统文化的关系

中国传统文化是涵养社会主义核心价值观的文化沃土，是社会主义核心价值观重要的思想来源。社会主义核心价值观是马克思主义价值理论与中国实践、中国历史和中国文化传统相结合的产物。中国传统文化是中华文化的重要组成部分，是中华民族在长期历史发展过程中形成的，为社会主义核心价值观提供了思想基础。中国传统文化的特征可以概括为：以德行修养为安身立命之本；以中庸为基本处世之道；以耕读传家为本的治家之道；以经学为治学之根本；以义利合一为基本价值追求；以主观意象为基本的思维方式。① 这些内容构成了中国文化的基本精神。中国传统文化的核心价值观在中国传统文化中处于核心地位，起着主导作用。需要指出的是，这里中国传统文化的核心价值观是指儒道佛三家共同形成的中国传统文化所体现的核心价值观。中国传统文化核心价值观是社会主义核心价值观内容形成的理论基础和思想资源。如儒家和道家思想中"和为贵""和而不同""安居乐业""推己及人""公平中正"的社会和谐价值观，是社会主义核心价值观国家层面内容中社

---

① 黄进：《论核心价值观》，南京师范大学出版社 2014 年版，第 69 页。

会"和谐"价值目标的思想来源。再如，"公而忘私"的精神是爱国、敬业道德准则的思想起点。中国传统道德强调个人服务于民族和国家的整体主义理念，因而形成了以乐于奉献、公而忘私为内容的民族精神，也出现了以"先天下之忧而忧，后天下之乐而乐"为代表的至理名言，还出现了一大批顾全大局、乐于奉献的仁人志士。从乐于奉献、公而忘私的民族精神实现途径来看，中国传统文化也肯定个体的能动性，鼓励个人要励志向上，成为一个高尚的奋斗者，体现在实践中就是坚忍不拔、百折不挠、不畏艰险的精神意志，而在职业上的表现就是爱岗敬业、兢兢业业、忠于本职工作等。可见，"公而忘私"的精神与社会主义核心价值观内容中的爱国、敬业具有高度的契合性。可以说，"爱国、敬业"价值思想发端于"公而忘私"的精神。

　　社会主义核心价值观是在中国传统文化的起点上吸收人类文明发展成果形成的。不可否认的是，中国传统文化为社会主义核心价值观建设提供了丰富的精神资源，社会主义核心价值观也对中国传统文化的相关内容进行了继承和创新。马克思主义是中国共产党的指导思想，是社会主义核心价值观形成的理论基础。马克思主义作为一种产生于西方的思想，能够在中国落地生根，是因为它与中国传统文化有着相通、相近、相容的内容。中国传统文化中丰富的唯物主义思想、辩证思维方式、经世致用的求实精神、以人为本的民本思想等为其与马克思主义的结合提供了良好的思想条件。以马克思主义中国化的第一大理论成果为例，中国传统文化中的民本思想为"群众路线"提供了理论资源。西周的政治家周公提出了"政得其民""敬德保民"等思想，开启了中国民本思想的先河，后经孟子、荀子等思想家发展形成了丰富的内容。新民主主义革命时期，毛泽东在灵活掌握马克思主义基本理论精髓的基础上，创造了以"群众路线"为标志的马克思主义群众观，成为中国共产党领导中国革命取得胜利的一大法宝，在当前也具有重要的理论与实践价值。又如中国传统文化"天下为公"、"国家兴亡、匹夫有责"、先公后私等内容是古代爱国主义产生和成长的基础，也是近代以来中华儿女投身"救亡"与"振兴"事业的精神支撑。正是在这种精神的支撑下，中华民族才实现了从站起来到富起来的飞跃发展，如今正走在强起来的新征程上。当前，经过古代、近代历史沉淀的爱国主义精神汇聚着全国各族人民的力量，坚定着建设中国特色社会主义的共同理想，成为实现中华民族伟大复兴梦想聚智、聚心、聚力的精神黏合剂。

立足未来，在培育、践行社会主义核心价值观的过程中，尤其是在增强社会主义核心价值观在网络空间吸引力、影响力和凝聚力的过程中，必须坚定不移地在继承中华优秀传统文化的基础上对其进行创造性转化和创新性发展，从而继承中华文化的精神血脉，为网络空间社会主义核心价值观建设事业提供精神资源。习近平总书记强调："中华优秀传统文化是中华民族的突出优势，是我们在世界文化激荡中站稳脚跟的根基。实现中华民族伟大复兴，必须结合新的时代条件传承和弘扬中华优秀传统文化。"[1]　在网络空间培育和践行社会主义核心价值观更应该如此。为此，需要找到社会主义核心价值观建设与中国优秀传统文化的精神支点，找到合理的方法论：要以加强社会主义核心价值观的统摄作用为取向，对文化保守主义和文化激进主义思潮实现超越，并立足中国国情，保持宽容心态，科学继承和整合中国传统文化与人类文明的一切优秀成果，不断增强中国传统文化在社会主义核心价值观建设过程中的生命力和创造力。

二　镜鉴：深刻反思社会主义国家建设社会主义核心价值观的惨痛历史教训

社会主义从理论变为现实是一种跃升，而要使这种跃升的生命力充分彰显并长久持续需要核心价值观的支撑。否则，这种跃升就只是"昙花一现"的惊艳。从现实社会主义发展历史来看，中国共产党对于核心价值观重要性的认识是建立在社会主义国家惨痛历史教训基础上的。

以苏联为例，它曾经是世界上最大的社会主义国家，它在建立社会主义制度以后，尽管没有明确提出要建设核心价值观，但其在意识形态和社会价值观建设过程中体现了这样的思想。苏联的社会主义制度是建立在争取人类解放的根本原则和实现每个人自由而全面发展的终极价值

---

[1]　中共中央宣传部：《习近平新时代中国特色社会主义思想学习纲要》，学习出版社、人民出版社2019年版，第146页。

目标基础上的。可是，这种原则和价值目标只为苏联社会主义制度和意识形态建设提供了一个逻辑前提。要使其在苏联政治实践中发挥实际作用，苏联就必须进行理论创新，为其找到有效的实践载体。因此，从列宁时期开始，苏联就注重发挥"以集体主义、爱国主义和国际主义、社会主义、人道主义"①为核心的共产主义道德的作用，以此作为实现上述原则和价值目标的有效方法。共产主义道德以道德的阶级性为理论基础，在20世纪50年代以前对苏联社会主义建设起到了巨大促进作用，捍卫了苏联社会主义的尊严。可是，从斯大林后期直至戈尔巴乔夫时期，苏联在进行共产主义道德教育的过程中犯了一系列严重错误，从而导致苏联核心价值观一步步背离马克思主义，最终被苏共抛弃。苏联先是在进行共产主义道德教育的过程中，出现了认识上的偏差，对马克思主义的理解犯了教条主义的错误。从而导致苏联共产主义道德教育在各个领域泛化；个人利益被国家利益和集体利益吞没；普通民众对道德教育的方式极度反感和腻味。接着，苏共逐渐放弃了以道德阶级性为核心的马克思主义伦理学，转向人道主义，主张普遍性、全人类性的道德原则。这种道德原则的妥协，直接造成苏共政治主张的转向，将苏联政治体制改革的目标引向人道的、民主的社会主义，致使苏联解体。从这个意义上说，苏共对马克思主义的教条化理解，以及从根本上放弃以马克思主义为指导的核心价值观的做法，衍生了诸多严重问题，是导致苏联解体的根本原因。

中国对核心价值观重要性的认识也经历了漫长、曲折的过程。中国社会主义制度的建立是以中国共产党领导的新民主主义革命的胜利为历史前提的。中国共产党在新民主主义革命时期的一些理论探索和创新，为其在社会主义革命和建设时期进行核心价值观建设奠定了思想基础。在新民主主义革命时期，中国共产党提出了中国革命的近期和长远价值目标分别为"建立一个独立、自由、民主、统一和富强的新中国"与建立"社会主义和共产主义"。②这些目标是与"实现人的自由全面发展"

---

① 郭丽双、崔立颖：《苏联核心价值观的裂变与启示》，《毛泽东邓小平理论研究》2013年第10期。

② 《毛泽东选集》第3卷，人民出版社1996年版，第304页。

的终极目标相一致的。以此为基础，在社会主义革命和建设时期，中国共产党不仅坚定共产主义理想和弘扬艰苦奋斗精神，还在全国范围内倡导"独立自主、自力更生、无私奉献、全心全意为人民服务的道德规范"①。这些价值目标和道德规范对新中国成立初期国民经济的恢复和发展，以及社会主义改造的顺利推进起到了巨大的促进作用。可是，从1957年开始，中国在践行核心价值观的过程中，也犯了很多错误，包括对社会主义价值内涵的认识产生偏差，从强调发展生产力，实现国家富强转向了以阶级斗争为纲，巩固无产阶级专政；对道德规范的教条化理解，过度强调国家利益、集体利益，压抑个人利益；道德教育的方式陷入僵化，偏重自上而下的灌输，引起人民的反感等。这直接导致社会主义实践中"反右斗争扩大化""大跃进""文化大革命"事件的发生，使得中国的社会主义建设遭受严重挫折，甚至出现倒退，国家政局也陷入混乱与动荡。从以上分析可以看出，正是由于中国共产党对社会主义价值内涵认识的错误和教条化理解，以及价值教育方式的僵化导致我们的社会主义建设走到了崩溃的边缘。

苏联和改革开放以前中国核心价值观建设的历史表明，对于社会主义国家而言，核心价值观是其主流意识形态的基础和本质体现，对国家的稳定与发展起着至关重要的作用。重视核心价值观建设，社会主义国家就能够保持强大的向心力、凝聚力和生命力，进而促进其稳定与持续性发展。而疏于核心价值观建设，社会主义国家就会变得离心离德，失去魂魄，进而陷入动乱，甚至走向覆灭。

在总结苏联和改革开放以前中国核心价值观建设历史教训的基础上，中国共产党于21世纪初正式提出建设社会主义核心价值观的思想。经过官方、学术界和社会各界的共同努力，党的十八大报告首次从国家、社会、公民三个层面将社会主义核心价值观的内容凝练为"富强、民主、文明、和谐；自由、平等、公正、法治；爱国、敬业、诚信、友

---

①　李萍、浦玉忠：《社会主义内涵的价值澄明与社会主义核心价值观的历史发展》，《南京师范大学学报》（社会科学版）2015年第5期。

善"①。接着，明确了社会主义核心价值观与中国特色社会主义的关系。习近平总书记指出，"社会主义核心价值观体现了社会主义意识形态的本质要求，体现了社会主义制度在思想和精神层面的质的规定性，凝结了社会主义先进文化的精髓，是中国特色社会主义道路、理论体系和制度的价值表达"②。2013 年 12 月，中共中央办公厅印发了《关于培育和践行社会主义核心价值观的意见》（简称《意见》），这表明中国共产党对社会主义核心价值观的认识推进到了实践层面。自此，我们以中国共产党对社会主义核心价值观内容与重要性的最新认识为思想指导，以《意见》为实践纲领，在家庭、学校与社会教育、文化建设、国际交流、网络空间等领域积极培育和践行着社会主义核心价值观，并取得了显著成效。当然，培育、践行和弘扬社会主义核心价值观是一项长期的、复杂的系统工程，需要我们从理论与实践层面继续加强对社会主义核心价值观的研究。要不断拓展关于社会主义核心价值观研究的理论空间，构建研究社会主义核心价值观的理论框架和知识体系。要立足中华优秀传统文化，从中汲取丰富营养资源，为社会主义核心价值观提供深厚滋养。要不断创新培育和践行社会主义核心价值观的方式方法，真正实现社会主义核心价值观的入脑入心。只有如此，才能充分彰显中国特色社会主义的生命力，扩大中国特色社会主义的影响力，体现中国特色社会主义的优越性。

三　应对挑战：超越"普世价值"的虚假性和民主社会主义与资本主义的暧昧关系

（一）理性回应"普世价值"思潮的挑战

建设社会主义核心价值观是对"普世价值"思潮挑战的理性回应，而且社会主义核心价值观的内容实现了对"普世价值"的实质超越。为了应对"普世价值"思潮的挑战，认清其本质，帮助人们坚定社会主义

---

①　胡锦涛：《坚定不移沿着中国特色社会主义道路前进　为全面建成小康社会而奋斗——在中国共产党第十八次全国代表大会上的报告》，人民出版社 2012 年版，第 31—32 页。

②　中共中央宣传部：《习近平总书记系列重要讲话读本》，学习出版社、人民出版社 2014 年版，第 93 页。

信念，进而维护社会主义制度，中国共产党在理性分析"民主、自由、平等、人权"等价值在人类历史上的积极作用以后，适时提出建设社会主义核心价值观的思想，并对社会主义核心价值观的内容进行了概括和凝练。党的十八大报告中凝练的社会主义核心价值观的内容也包含"民主、自由、平等"等价值，同时还内含着社会主义"人权"的价值意蕴。就其内容来看，社会主义核心价值观实现了对"普世价值"的超越。社会主义核心价值观内容中的"民主"，是马克思和列宁等马克思主义经典理论作家在对资本主义虚假民主进行深刻批判后，对民主价值内涵的理性回归，是真正意义上的"人民主权"（人民的统治）。在实践中，我们以"人民民主"（人民当家作主）为价值取向，构建了中国特色社会主义政治制度体系（国体、政体、政党制度、中央—地方关系、基层民主制度），践行着真正意义上的民主。社会主义核心价值观内容中的"自由"，比资本主义自由具有更加宽阔的视野，是一种实质自由。它以解放和发展生产力为手段，最终要实现每个人的自由全面发展。在这个过程中，每个人的自由全面发展是"一切人的自由发展"的条件而非障碍。在实践中，它要使每个中国人都能拥有出彩的人生。社会主义核心价值观内容中的"平等"，既强调起点平等、程序平等，也强调结果平等。它建立在生产资料公有制基础上，要使人们在经济、政治、社会地位和权利等方面享有平等的机会和待遇。社会主义核心价值观中的"人权"价值内涵于"民主、自由、平等"价值之中。社会主义"人权"是社会主义"民主、自由、平等"价值实现过程中的自然流露，是一种实质人权。它要在法治的环境下实现大众的普遍人权，不以对其他国家、民族的侵略和掠夺为代价。另外，社会主义核心价值观从国家、社会和个人三个层面集中体现了中国特色社会主义制度的价值取向，是中国特色社会主义制度的灵魂。所以，"培育和践行社会主义核心价值观，有利于提升广大人民群众对中国特色社会主义制度的价值认同"[①]，有利于帮助人民坚定社会主义信念。可见，建设社会主义核心价值观是对"普世价值"挑战的理性回应，是要对"普世价值"实现质的超越。

[①] 周昭成：《社会主义核心价值观与中国特色社会主义制度价值认同的内在逻辑》，《当代世界与社会主义》2013 年第 4 期。

而且，社会主义核心价值观需要在坚持中国共产党领导地位，坚持中国特色社会主义的前提下，才能实现对"普世价值"的实质超越。

（二）决然超越民主社会主义与资本主义的暧昧关系

民主社会主义以主观唯心主义的伦理价值观作为其思想和理论基础，鼓吹意识形态多元化，是资本主义制度的一种"点缀"和延长资本主义寿命的工具。建设社会主义核心价值观是为了应对民主社会主义思潮对我国的冲击，更是为了超越民主社会主义与资本主义的暧昧关系，揭示其延长资本主义寿命和充当资本主义国家和平演变工具的本质，还原社会主义的制度特性。与民主社会主义及其基本价值相比，社会主义核心价值观以唯物史观为理论基础，是要在社会主义制度内践行的价值规范体系，与资本主义制度没有任何暧昧关系。从世界社会主义发展的历史来看，社会主义核心价值观是马克思主义创始人以唯物史观和剩余价值学说为分析工具，在对资本主义生产方式进行彻底批判，对资本主义核心价值观进行辩证分析，进而指出社会主义代替资本主义必然性的过程中提出的重要价值追求。它是"激励无产阶级和广大劳动人民推翻不合理的资本主义及一切剥削阶级旧世界，建立和建设自己当家作主新世界的强大价值导向"①。尽管在 21 世纪以前的世界社会主义运动中没有明确提出社会主义核心价值观的概念，但这样的思想一直存在于社会主义探索和建设过程中。从当前中国特色社会主义实践进程来看，社会主义核心价值观是社会主义核心价值体系的内核和最高抽象，因此社会主义核心价值观也以社会主义核心价值体系内容中的马克思主义和中国特色社会主义为指导思想和共同理想。可以说，社会主义核心价值观是马克思主义指导下的中国特色社会主义主导价值观，是以改进和完善中国特色社会主义为目的的。这也决定了社会主义核心价值观认可和坚持建立在马克思主义理论基础上的科学社会主义基本原理。即它认可和坚持这样的观点：人类社会从资本主义发展到社会主义、共产主义是一个客观的、自然的历史进程，必须经过工人阶级和人民大众自觉的、长期的斗争才能实现，其目标是实现人的解放；必须要有社会主义、共产主

---

① 杨兴林：《基于科学社会主义理论视角的社会主义核心价值观研究》，《学习论坛》2012 年第 6 期。

义政党的正确领导，而且要在工人阶级和劳动人民掌握政权后经历几个历史发展阶段才能逐步建成社会主义、共产主义。① 在中国特色社会主义政治实践中，它坚持社会主义道路，坚持人民民主专政，坚持中国共产党的领导，坚持马克思列宁主义、毛泽东思想和中国特色社会主义理论体系。可见，建设社会主义核心价值观是以唯物主义历史观为基础的，是对民主社会主义与资本主义暧昧关系的决然超越，是在坚持科学社会主义基本原理的前提下为中国特色社会主义提供强大的价值支撑，进而完善中国特色社会主义理论体系和制度体系，推动中国特色社会主义实践继续向前发展。

第三节　目标导向机制

社会主义核心价值观是当代中国人民"最大价值公约数"，是国家意识形态的核心内容，具有积极的目标意义。要扩大社会主义核心价值观在广大网民中的吸引力、影响力，增强广大网民对社会主义核心价值观的认同，必须明确阐述社会主义核心价值观的多重功能。

一　社会主义核心价值观的经济功能

社会主义核心价值观在当代中国社会发展过程中发挥着明显的经济价值和功能。它可以为国家经济的发展提供良好的经济环境和精神动力。当前，我国实行社会主义市场经济体制。但由于我国现行经济体制还处于探索发展阶段，存在着多种问题，如拜金主义、享乐主义、制假贩假、坑蒙拐骗、权钱交易，等等，致使一些人敢于铤而走险，做出知法犯法、违法犯罪的事情，导致市场秩序受到极大负面影响。另外，我国推进经济发展的过程中，由于相关政策的改革速度相对滞后，以及各方面原因的综合作用，造成了贫富差距问题。这些问题的存在影响了人们对我国社会主义市场经济发展的信心。社会主义核心价值观作为意识形态的核心内容，以其深刻、规范、科学的内容捍卫了社会主义市场经

---

① 高放、李景治、蒲国良：《科学社会主义的理论与实践》（第5版），中国人民大学出版社2008年版，第59—72页。

济发展的合法性，而且它倡导的"富强、法治、公平、诚信"等理念为社会主义市场经济的发展提供了价值向导。重视法治、注重公平、讲求诚信、实现共同富裕是社会主义市场经济的内在要求。在实践中，通过培育和践行社会主义核心价值观，推动"富强、法治、公平、诚信"理念落实到经济发展的全过程，可以有效制止各种不道德、不合法、不公平的行为，为经济发展提供良好的发展环境。另外，社会主义核心价值观还可以为经济发展提供精神动力，从而促进经济长足发展。如近年来，铜陵有色金属集团控股有限公司以社会主义核心价值观建设为根本，通过广泛征集、讲述"我和我的铜陵有色"故事、评选"铜陵有色好员工"、编辑发行铜陵有色企业文化丛书等方式，在"落细落小落实"上下功夫，努力做到深入浅出，情理交融，用企业文化建设的生动实践将社会主义核心价值观日常化、具体化、形象化、生活化，为社会主义核心价值观落地生根做出了有益的探索，为铜陵有色加快建设"一强五优"国际化企业集团凝聚起强大的精神动力。①

二　社会主义核心价值观的文化功能

本书对社会主义核心价值观文化功能的论述集中于一点，即社会主义核心价值观是文化自信的灵魂和旨归。文化自信是承载一个国家、一个民族价值共识的精神依托。它需要深厚的价值内容来支撑，需要明确的价值目标来指引。社会主义核心价值观就是当代中国文化自信的价值支撑和目标指引。

（一）从社会主义核心价值观与社会主义先进文化的内在关系来分析

一个国家、一个民族的文化自信是从其文化的繁荣发展，以及文化软实力的增强与提高中体现出来的。中华文化在五千多年发展过程中，经历了传统文化、革命文化和社会主义先进文化三种主要形态。其中，社会主义先进文化是中华文化的当代形态，是中国特色社会主义的文化表达，是中国文化软实力建设的载体，是当代中国文化自信的依托。社

---

① 《铜陵有色践行社会主义核心价值观的探索与实践》，2019 年 5 月 25 日，http：//www. cin-ic. org. cn/zgzz/wh/445898. html。

会主义核心价值观与社会主义先进文化的关系表现在两个方面。一是，社会主义核心价值观是社会主义先进文化的本质体现，凝结了社会主义先进文化的精髓，是中国特色社会主义道路、理论体系和制度的价值表达。可以说，社会主义核心价值观从理念层面规定了先进文化的内容、性质和发展方向，而先进文化通过文化理念的不断革新并以文化事业、文化产业等各种形式实践着社会主义核心价值观的精髓。二是，从文化软实力建设的结构和功能角度来讲，社会主义核心价值观是国家文化软实力建设的关键与核心，决定着社会主义先进文化的影响力。由于社会主义核心价值观统摄和支配着文化建设，是指导文化发展的方针，规定着先进文化的发展方向，这决定了在国家文化软实力建设过程中，以社会主义核心价值观为基本框架和核心要素，可以不断增强全国各族人民的国家认同感和民族凝聚力，提高社会主义先进文化的吸引力、感召力和竞争力。

由以上分析可以看出，社会主义核心价值观是社会主义先进文化的精髓，是国家文化软实力建设的关键与核心。它在从根本上促进社会主义文化繁荣发展和增强我国文化软实力的过程中充分展现着当代中国的文化自信。因此，从这个意义上讲，社会主义核心价值观是当代中国文化自信的灵魂和旨归。

（二）文化视野下社会主义核心价值观的现实指向

当代中国文化自信是对社会主义先进文化的自信，是对中华文明的自信，其本质是价值观的自信。坚持文化自信，必须筑牢中华民族的价值基础，破除"普世价值""历史终结论"的"封印"。

从国际环境来看，全球化背景下，多种文明以竞争与冲突的方式共存是一种客观现象。而事实证明，人类近现代的历史是一部由西方文明以霸权方式编织的历史叙事。在西方国家为世界近现代历史编织的叙事中，它们提出了一套表面完美、逻辑完整的"普世价值"体系，为自己的殖民行为辩护，并向非西方国家兜售。

那么，面对"普世价值""历史终结论"的挑战，如何重聚文化共识，树立文化自信？中国文化的出路又在何处？就成为重大的理论与现实课题。为此，中国共产党提出了"社会主义核心价值观"和"中国梦"两大命题。从二者的关系来看，社会主义核心价值观是中国梦的文化根基和心理基础，中国梦则是社会主义核心价值观的现实依托。社会主义核心价值观以"富强、民主、文明、和谐；自由、平等、公正、法治；爱国、敬业、诚信、友善"为内容，对国家和社会发展，以及公民教育设定了目标，并赋予其中国内涵。社会主义核心价值观揭示了"普世价值"的资产阶级属性，及其虚假性和抽象性，赋予"民主、自由、平等、公正、人权"更为丰富、具体的内容，是建立在生产资料公有制基础上无产阶级的价值观。社会主义核心价值观指导下中国特色社会主义实践取得的巨大成就，延续着中国特色社会主义的生命，也有力回应了"历史终结论"，提振着国民的文化信心。同时，社会主义核心价值观以其明确的价值指向，充实了人们的价值空间，缓解了人们的价值焦虑，重新凝聚了人们的文化共识。此外，"中国梦"作为社会主义核心价值观的文化载体，植根于中国文化基础之上，以其鲜明的特征，展示着中华文化的魅力，凝聚着人们的文化共识，重塑着中华民族的文化自信。

三　社会主义核心价值观的政治功能

社会主义核心价值观是应对西方意识形态渗透对我国主流意识形态建设形成的冲击，以及国内各种社会思潮对改革与发展共识形成的挑战而提出并着力建设的。可以说，社会主义核心价值观对于夯实中国特色社会主义共同理想、凝聚和巩固改革共识、维护政治稳定具有重要功能。中国特色社会主义是社会主义核心价值观产生的根基，是社会主义核心价值观的实践表达。中国特色社会主义共同理想和伟大旗帜，是中国人民追求美好生活的向导，也是实现国家富强、民族振兴的精神动力。但是，我们沿着中国特色社会主义发展道路奋力追梦，实现美好生活的过程中，遇到了"中国威胁论""中国崩溃论""历史终结论"，以及"左""右"两种声音争论等"杂音"的干扰，削弱了人们对中国特色社会主义的信心。社会主义核心价值观是中国特色社会主义的价值表达，为中国特色社会主义的发展提供了价值向导，并且以其科学性应对了各种"杂音"的干扰，坚定了人们对改革开放的信心和对中国特色社会主义的信心。全面深化改革是新时代中国特色社会主义"战略布局"的重要内容。社会主义核心价值观充分发挥着凝聚人心、汇聚力量的作用，为全面深化改革提供了强大动力，鼓舞着中国人民逐步实现"富强、民主、文明、和谐、美丽"的社会主义现代化强国目标，"指明了我国基本政治方向和政治目标"。① 因此，社会主义核心价值观为新时代中国特色社会主义和全面深化改革发挥的凝聚民心、汇聚力量、夯实理想、坚定信心的作用，有助于促进社会主义制度的发展和完善，有助于人们坚定中国特色社会主义道路自信、理论自信、制度自信和文化自信。

四　社会主义核心价值观的社会功能

任何社会都有自己的核心价值观。这是推动社会系统良性运转的"润滑剂"，也是维持社会秩序稳定的精神依托，更是实现社会整合的"黏合剂"。核心价值观对一个国家的各方面发展具有导向作用，能够增强社会的认同感和抗震能力。拉美国家在一个时期内纷纷陷入"中等收入陷阱"无法自拔，就在于这些国家人均收入达到中等国家发展水平的阶段，没有将经济导向可持续发展的方向，没有凝练出"法治、公平、正义"等社会核心价值观引领国家经济发展，为经济发展提供价值支撑。从而导致各种错误思想倾向迅速"占领"人们的思想领地，削弱了人们对国家的认同感，降低了国家的凝聚力和抵御风险的能力，进而陷入长期社会震荡。据此，社会主义核心价值观在我国的社会功能表现为，第一，社会主义核心价值观能够为实现中华民族伟大复兴提供精神动力。党的十九大报告指出，我们要在21世纪中叶建成富强民主文明和谐美丽的社会主义现代化强国。这与中华民族伟大复兴的中国梦是相吻合的。社会主义核心价值观从国家层面对接了中华民族伟大复兴和社会主义现代化强国的具体目标，从社会层面和公民层面通过对社会价值的强调和公民道德的要求为中华民族伟大复兴起到了整合各方力量的作用。第二，社会主义核心价值观具有整合社会资源，凝聚中国力量的作

---

① 周谨平：《社会主义核心价值观的政治哲学内涵研究》，《伦理学研究》2014年第6期。

用。社会主义核心价值观是在坚持马克思主义基本立场、观点、方法的基础上，继承和发展中国优秀传统文化，反思社会主义国家建设经验和教训，以及借鉴人类文明发展优秀成果的基础上形成的，具有很强的包容性和整合性。社会主义核心价值观是社会主义核心价值体系的本质体现，其内含的民族精神和时代精神可以有效汇聚各方面的精神资源，从而产生强大的感召力和推动力。同时，社会主义核心价值观从国家、社会和公民层面对中华民族健康发展具有价值引领作用，有助于汇聚社会各个阶层、各个利益群体的思想，从而整合社会力量，为新时代中国特色社会主义发展提供强大支持。

第四节　发展完善机制

社会主义核心价值观在网络空间更大程度被广大网民认知、理解、接受和内化，需要以更加科学的方法深度凝练社会主义核心价值观的内容，使其内容更加言简义丰、便于记忆，也需要将社会主义核心价值观与网民的日常生活深度融合，增强社会主义核心价值观的生活化、大众化和亲和力。

一　深度凝练社会主义核心价值观

党的十六届六中全会提出了建设社会主义核心价值体系的任务。自此，落实这项战略任务的过程中凝练社会主义核心价值观内容的任务也提上了日程。可以说，如何凝练社会主义核心价值观是推进社会主义核心价值体系建设必须破解的重大问题。关于这一问题的讨论至今仍在进行。客观来讲，要凝练社会主义核心价值观的内容，其重要的前提性问题就是确定凝练社会主义核心价值观内容的科学原则。但从实际情况来看，学术界却过早地将重心放在了社会主义核心价值观内容"是什么"的问题方面，而且一度成为热议的学术问题。在此过程中，《光明日报》发起并推动的社会主义核心价值观凝练"大讨论"最具代表性。根据有关学者不完全统计，近年来，学术理论界围绕什么是社会主义核心价值观，进行了广泛而深入的讨论，提出了80多种有关社会主义核心价值观的表述，涉及近 100 个具体范畴。党的十八大在这些学术讨论的基础上提出了"三个倡导"，为培育和践行社会主义核心价值观提供了基本遵循。但是，以江苏师范大学陈延斌教授为首的课题组，在承担国家社会科学基金重点项目"社会主义核心价值观的深度凝练与传播、认同对策研究"过程中，于 2015 年采用社会调查方法，对苏、鲁、闽、皖、京、晋、桂、滇、藏九省市、自治区进行了问卷调查，对象涵盖了各个阶层和群体，共计 5162 人，2017 年又对在江苏、山西、河南、山东、安徽、宁夏等地的来华外籍人士共计 600 人且涵盖多个行业，进行了问卷调查，调查结果显示：73.7% 的人认为非常有必要或有必要深度凝练社会主义核心价值观，因为现有的内容不易记忆，不易传播。① 这说明"三个倡导"中对社会主义核心价值观内容的初步概括还不够科学，需要进一步凝练。

那么，深度凝练社会主义核心价值观是不是与党的十八大报告提出的"三个倡导"相矛盾呢？答案是否定的，是不矛盾的。客观来讲，党的十八大报告并没有确定性地说明社会主义核心价值观"是什么"的问题，而是以"倡导"的方式对培育和践行社会主义核心价值观进行了部署，为进一步凝练社会主义核心价值观提供了遵循。进一步凝练社会主义核心价值，首先要确立深度凝练社会主义核心价值观的科学原则。

第一，坚持以马克思主义价值思想作为指导。马克思主义是社会主义意识形态的指导思想，是我国主流意识形态的"定海神针"。马克思主义价值观是社会主义核心价值观的核心理论基础，而社会主义核心价值观是马克思主义价值理论的当代中国形态。说到底，深度凝练社会主义核心价值观必须坚持马克思主义的立场、观点、方法，而不能以西方国家主流意识形态的指导思想作为理论基础，或者简单地以回到中国传统的方式解决问题。在深度凝练社会主义核心价值观的过程中，要避免落入西方国家给我们预设的价值"陷阱"。同时，也要承接中华民族传统价值观易引起国民共鸣和认同的优质内容，并对之进行创造性转化和创新性发展。在此基础上，保证深度凝练社会主义核心价值观内容的过

---

① 陈延斌、朱莉涛：《深度凝练社会主义核心价值观的若干思考》，《伦理学研究》2019 年第 3 期。

程中，既植根于中华优秀文化沃土，又实现对资本主义核心价值的扬弃和超越。

第二，要体现社会主义国家制度的价值取向。也就是说，社会主义核心价值观必须体现社会主义国家社会制度层面的价值取向，而不是其他层面的。它强调的行为主体是国家，集中反映社会主义国家的制度属性和价值目标，对社会主义意识形态建设具有统摄作用。它要体现社会主义国家社会制度对本国人民的承诺，要包含对人类未来前途命运的把握和对历史发展方向的定位。要区分开国家制度层面价值取向与人民的生活价值取向，不能将诸如诚信、友爱、仁慈、善良的内容纳入社会主义核心价值观的基本内容中，但可以从内涵层面包含这些内容。对西方国家核心价值观进行超越的同时，也可以向其学习借鉴。从西方国家概括核心价值观所体现的层面来看，像"民主、自由、平等"，也是集中在国家的社会制度层面。因此，社会主义核心价值观最为重要和根本的功能是，弘扬和彰显国家层面价值目标的崇高性、正义性与合理性，但同时要符合社会发展的客观规律，与公民的道德价值取向一致。①

第三，要具有高度的概括性和深度的解释力，而不能包含在其他价值观之中。社会主义核心价值观的内容要言简，但要体现思想的深邃性、内涵的广泛普适性、表达的生动形象性。这样，更有利于广泛传播、方便记忆、凝聚人心、振奋精神、引领方向。

二 增强社会主义核心价值观话语表达的亲和力

在网络空间大力培育和践行社会主义核心价值观，一定要增强社会主义核心价值观话语表达的亲和力，使社会主义核心价值观融进网民的日常活动，使社会主义核心价值观在网民中得到潜移默化的理解、认可和内化。

习近平总书记指出："一种价值观要真正发挥作用，必须融入社会生活，让人们在实践中感知它、领悟它。要注意把我们所提倡的与人们

---

① 曹洪军：《社会主义核心价值观深度凝练的认识分歧与困境突破》，《中国矿业大学学报》（社会科学版）2017 年第 3 期。

日常生活紧密联系起来，在落细、落小、落实上下功夫。"① 此外，中共中央办公厅印发的《关于培育和践行社会主义核心价值观的意见》也强调，要把社会主义核心价值观融入人民群众的生活，使核心价值观宣传教育达到"百姓日用而不知"的效果。日常生活是当代人必然的活动内容，而且越来越体现出浓厚的意识形态色彩。因此，必须将社会主义核心价值观融进人们的日常生活，使其成为人们的内在价值规范和行为标准。在网络空间培育和践行社会主义核心价值观，必须使其融进网民的日常行为活动中，以广大网民喜闻乐见的话语形式表达出来，实现社会主义核心价值观在网络空间的大众化。

所谓话语是"人们说出来或写出来的语言，是特定社会语境中人与人之间从事沟通的具体语言行为，包括说话人、受话人、文本、沟通、语境等要素"②。不同话语能够表达不同的意识形态内涵，即使是相同的话语，也能表达不同的意识形态内涵。如今，互联网已经成为意识形态日常生活化的主要媒介平台，网络空间也是人们日常生活的重要构成部分。要通过社会主义核心价值观话语亲和力的增强来提高其在网络空间的吸引力、影响力和凝聚力。互联网的应用范围包括基础应用、商务交易、网络金融、网络娱乐、公共服务、互联网政务服务等。其中，以网民为主体发起的互联网应用类型主要包括基础应用、商务交易、网络娱乐，如即时通信、网络搜索、网络新闻、网络论坛、网络购物、网络文学、网络音乐、网络游戏、网络视频、网络直播等。这些应用类型也构成了网民在网络空间的日常生活。要增强社会主义核心价值观话语在网络空间表达的亲和力，第一，要将社会主义核心价值观融进网民的日常网络行为。在科学分析网民整体特征的基础上，了解网民在各种网络应用中的心理特点，以贴合特定网络应用场景的通俗性、形象性话语进行传播，使网民在轻松的网络活动中感受社会主义核心价值观的魅力。要达到社会主义核心价值观与网民打成一片，引发网民强烈共鸣的效果。第二，要坚持层次性和差异性的原则，针对不同网民群体进行通俗化话语建构，以满足不同网民群体的认知、理解水平，增强社会主义核心价

①　《习近平谈治国理政》，外文出版社 2014 年版，第 165 页。
②　吴学琴等：《当代中国日常生活维度的意识形态研究》，人民出版社 2014 年版，第 247 页。

值观话语传播的针对性。在传播社会主义核心价值观的过程中，还要将"独白"式的强硬、僵直话语转变为"对话"式的柔和、温暖话语。从而使社会主义核心价值观从高高在上的晦涩理论转化为"飞进寻常百姓家"的通俗话语，拉近与广大网民的情感距离。第三，构建社会主义核心价值观话语亲和力的测评体系。增强社会主义核心价值观的话语亲和力是一项系统工程，也是一项长期工程。通俗化、形象化话语的建构和传播只是系统工程的一部分，还需要对社会主义核心价值观话语亲和力建设在网络空间开展的效果进行科学测评，形成以社会主义核心价值观传播内容、方式和效果为核心框架的评价体系，不断提高社会主义核心价值观话语亲和力建设的效果。

第六章 网络空间社会主义核心 价值观认同的介体机制

认同介体是连接认同主体和认同客体的桥梁。网络环境下社会主义核心价值观认同就是网民通过认同介体对社会主义核心价值观实现理性认知、行动转化和情感内化，沉淀为自身的价值准则和行为指南。在此过程中，认同介体作用的发挥对于社会主义核心价值观认同的达成起着至关重要的作用。为此，必须明确网络空间社会主义核心价值观认同的介体。其中，一个基础性问题就是要澄明认同主体和认同客体所处的环境。在本书的研究中，认同主体和认同客体处在网络生态环境中。在这种环境下，连接认同主体和认同客体的媒介就是网络媒体。要以这种认识为基础，阐明构建网络空间社会主义核心价值观认同介体机制的根本任务，并从宣传教育机制、传播同化机制、制度保障机制方面着手，构建网络空间社会主义核心价值观认同的介体机制。

第一节 网络媒体主要类型及其增强社会 主义核心价值观认同的功能

随着数字技术、网络技术、通信技术的发展，网络媒体逐渐成为一种新兴的传播媒介，而且被誉为"第四媒体"。所谓网络媒体，"是一种基于互联网的以数字化、信息化为主体的人类信息传播与沟通的媒介系统"①，属于新媒体的一种类型。网络媒体随着互联网在中国的发展而产生、壮大并达到成熟状态，逐渐成长为当今中国社会的主流媒体。网络媒体已经成为现代社会的普遍技术范式，引发了信息传播领域的巨大变革，以其形式多样、互动性强、覆盖率高等特点为人们接受、传播甚至制造信息提供了丰富体验，带来了极大便利，对政治、经济、文化、社会环境产生了巨大影响。

一　网络媒体的主要类型

网络媒体区别于传统媒体，是一个复杂、多元的媒体平台。其主要类型包括网站、论坛或社区、博客、播客和网络微媒体。

（一）网站

网站是最基础、普及程度最高的网络媒体形式。它是指"在互联网上根据一定的规则，使用 HTML 等工具制作的用于展示特定内容的相关网页的集合"②。目前，网站是一种集图文声像多种形式和多种功能于一体的新媒体。网站的种类主要包括门户网站和垂直网站。门户网站是一种综合性应用系统，提供多种多样的服务，如新闻、搜索引擎、免费邮箱、电子商务、网络社区、网络游戏、免费网页空间等。当前，典型的门户网站有新浪网、搜狐网、网易网、腾讯网、新华网、人民网、凤凰网等。垂直网站是与门户网站相对应的类型，以"专、精、深"而著称。它提供的内容集中于某个特定领域、人群或者某一类特定需求。这些领域、需求包括新闻、科技、军事、娱乐、游戏、汽车、职业信息等，代表性的网站包括"汽车之家""优酷网""链家网""百合网""虎扑体育""智联招聘""东方财富"等。从网站种类来看，还包括传统媒体的网络版和政府网站。网站是网民在网络空间最常接触的一类媒体，其服务的网民群体数量庞大，是传播社会主义核心价值观的基础平台。

（二）网络论坛

网络论坛是以网络技术为基础形成的网上交流场所，通常指的就是

---

① 吴满意主编：《网络媒体导论》，国防工业出版社 2008 年版，第 47 页。
② 郑洁等：《网络媒体传播社会主义核心价值观研究》，中国社会科学出版社 2012 年版，第 43 页。

BBS（Bulletin Board Systerm）——电子公告牌。BBS 最早起源于美国，大约 1991 年开始在国内建立，并逐渐被人们熟知。BBS 与互联网联姻以后，产生了网络论坛，其功能也实现了由原来发布信息的单一性向多元性的转变。网络论坛的基本功能是向人们提供海量信息，满足人们的相关需求。随着互联网技术的发展，网络论坛新增的互动功能为人们在获取信息的同时提供了自由交流的平台，使其兼具信息更新、发送和传递信息以及实时对话等多种功能。用户可以在网络社区中获取信息、交换信息、在线与他人交流、就相关问题畅所欲言等。网络论坛作为一个网上交流平台，是传播社会主义核心价值观的重要场所。

（三）博客

博客是一种新兴的信息交流方式，也叫网络日志。根据中国博客网的解释：博客是用户可以以网络日志的形式简易、迅速、便捷地发布自己的心得，及时、有效、轻松地与他人进行交流，能够进行丰富多彩的个性展示的平台。可以说，博客是一种"零进入壁垒"的傻瓜式信息交流方式。博客上的内容是按照时间顺序倒序排列的，包括有关公司或个人的信息、新闻，或者直接是日记、照片、诗歌、散文，甚至科幻小说的发表或张贴。当然，随着网络技术的发展和博客的广泛应用，这些内容并不是纯粹以某种单一形式或内容出现，而是以综合性方式呈现。博客是个人网页的升级版，其内容由"出版者"个人决定，带有鲜明的个性特征。目前，博客已经成为一种比较盛行的沟通工具，是传播社会主义核心价值观的个性化平台。

（四）播客

播客同博客是一对姐妹，都在出现以后的很短时间内风靡开来。播客是一种数字广播技术，可以在这个平台上发布音频文件供用户使用。播客上的文件可以是专业人员制作的，也可以是普通网民制作的。这样，就实现了传播主体多样化和传播内容的多样化与平民化。另外，播客的传播成本比较低廉，终端是多样化的，包括电脑、MP3、MP4、手机、PDA 等。当前，国内比较有代表性的播客有优酷、土豆、腾讯视频、搜狐视频、新浪播客等。总体来讲，播客是一种传播音频和视频信息的方式，可以为社会主义核心价值观提供智能化、立体化的传播方式。

（五）网络"微"媒体

随着现代互联网技术和移动智能手机技术的发展，网络社交旺盛的需求催生了新的网络"微"媒体。这类媒体主要包括微博和微信。微博就是微型博客，是指一种基于用户关系信息分享、传播以及获取的通过关注机制分享简短实时信息的广播式的社交媒体、网络平台，用户可以通过 PC、手机等多种移动终端接入，以文字、图片、视频等多媒体形式，实现信息的即时分享、传播互动。① 微博可以发布的内容是多样的，可以是文本信息（但不超过 140 个字符），也可以是图片、视频、音频以及超链接等。微博信息是一种即时信息，也带有明显的个性化特征。随着手机、平板电脑等移动终端技术的发展，微博的普及程度越来越高。

微信是腾讯公司开发的一个热门通信工具。在 2011 年推出以后，截至目前微信用户已经超过 8 亿。微信的主要功能包括作为聊天工具，支持发送语音、短信、视频、图片和文字；支持微信阅读；微信朋友圈可以发表文字和图片，也可以通过其他软件将文章或音乐分享到朋友圈。另外，微信公众平台是当前微信的一项重要功能。它的内容包括服务号、订阅号和账号分类等，是腾讯公司专为智能手机用户打造的一款即时免费的产品。随着计算机技术的发展，微信也逐渐实现了与 PC 机的对接，扩大了应用领域，吸引了更多的用户。目前，微博和微信，尤其是微信的广泛使用已经深刻改变了人们的使用习惯和沟通方式，成为人们日常生活中进行交流的又一个重要途径。微博、微信等"微"媒体正慢慢成长为网络时代信息传播的主角，为社会主义核心价值观传播提供了极大便利。

二　网络媒体增强社会主义核心价值观认同的功能

网络媒体相比于传统媒体具有诸多优势，已经成为当前信息传播的主流媒体，在人们的社会生活中发挥着越来越重要的作用。作为网络空间社会主义核心价值观认同的介体，网络媒体为社会主义核心价值观在

---

① 《微博》，登录日期：2019 年 6 月 10 日，https：//baike. baidu. com/item/% E5% BE% AE% E5% 8D%9A/79614？ fr = aladdin。

网络空间的传播提供了全新载体，也为增强网民对社会主义核心价值观的认同发挥着重要功能。

（一）深化网民对社会主义核心价值观的理性认知

网络媒体的首要功能是传播功能。作为一种新兴的传播媒体，它具有其独特的传播特点。网络媒体传播信息的速度很快，无论是信息的发布，还是传播都可以在数秒之内完成，可以确保用户在第一时间获取最新信息。此外，网络媒体还可以实现信息的实时播报或者现场直播，能够以图文并茂的方式第一时间将报道发布出来，拉近与网民的距离，增强信息传播的时效性。网络媒体集网站、网络论坛、博客、播客和网络"微"媒体等多种载体于一身，可以利用文字、图片、视频、音频等多种形式立体化传播信息，增强信息传播的效果。利用网络媒体传播速度快、覆盖面广的特点，将社会主义核心价值观的科学性内容制作成文字、图片、视频、音频等通过网络媒体进行传播，使广大网民充分认识和理解社会主义核心价值观的相关内容。同时，还可以借助网络媒体互动性强的特点，将定制和设计好的关于社会主义核心价值观的内容向广大网民传播出去，然后通过互动的方式来解答网民关于社会主义核心价值观认识的难题、困惑等，提高网民对社会主义核心价值观的理性认识，或者听取网民相关意见，完善、改进、创新社会主义核心价值观的传播方式，满足网民的认知需求。总之，通过发挥网络媒体的大众传播功能有助于增强社会主义核心价值观的说服力，深化网民对社会主义核心价值观的理性认知。

（二）实现网民对社会主义核心价值观的同化和内化

从积极的意义来讲，网络媒体不是简单地对网民进行信息传递，而是通过有效的信息传播实现对网民的教化。所谓教化是通过教育来培养有文化的人，使人在获得知识和自由的基础上提高修养和个人品质，成为一个自觉遵守道德和法律的文明人。网络媒体的教化功能是指"现代网络媒体利用网络的有关信息和资源，培育和塑造有文化的人的一种功能"①。网络媒体的受众是广大网民。在网络媒体传播信息的过程中，网

---

① 吴满意主编：《网络媒体导论》，国防工业出版社 2008 年版，第 127 页。

民不仅是信息的接受者，也是信息的发布者。而且网络媒体的传播特点是点对多，这样网络媒体就实现了大众传播。网络媒体这样的传播特点使教化成为一种双向互动。因此，利用网络媒体大众传播的特点，从信息源头增加社会主义核心价值观的科学内容，将其以多种形式向广大网民传播，以此引导广大网民理解并接受社会主义核心价值观。网络媒体平民化、强互动性、信息丰富、功能齐全的传播特点，有助于网民多角度、多层面理解社会主义核心价值观，从而选择和认可社会主义核心价值观，并将其纳入自己的观念和思想体系，转化为自己的价值标准和行为依照。这样，网民可以在信息发布和接收的过程中，传播社会主义核心价值观，深化对社会主义核心价值观的认识，并在互动性的媒体平台上积极影响更多网民，进而通过影响网民的需要、兴趣、理想、观念、态度等，引导他们接受和认同社会主义核心价值观。

（三）增强社会主义核心价值观在网络空间的吸引力和凝聚力

网络媒体的兴起深刻影响着人们的生活，为人们获取信息和开展思想交流提供了广阔平台，也为我国社会主义意识形态建设和社会主义核心价值观的传播提供了新载体和新的空间。网络空间社会主义核心价值观认同增强的一个显著特征就是社会主义核心价值观吸引力和凝聚力的增强。网民对社会主义核心价值观的理性认识，以及对其内化和同化程度提高，可以夯实网络空间社会主义核心价值观认同的心理基础。在此基础上，合理发挥网络媒体的传播和教化功能，可以有效引领网民的信念、态度、意见，甚至情绪，引导网络舆论向正确方向发展，从而营造健康的网络文化环境和清朗的网络空间。良好的网络文化环境和清朗网络空间的维持需要久久为功，需要保持网络媒体所传播信息的健康、科学性。要借助网络媒体的多种功能将社会主义核心价值观与各种文化形式结合，进行立体化传播，同时还要以社会主义核心价值观为指导同各种错误思潮展开对话，同敌对意识形态展开交锋，壮大主流舆论力量，弘扬民族文化精神，守牢意识形态建设高地。这样，有利于增强社会主义核心价值观在网络空间的吸引力和凝聚力。

第二节　构建网络空间社会主义核心
价值观认同介体机制的根本任务

在全球化时代，文明的共存、共生、共融已成为常态。在此过程中，认同问题变得越来越重要，成为了热门话题。价值观认同形成是旧的价值体系的"解构"和新的价值体系的"建构"过程，进而实现人们对新的价值体系从理性认知到行为认同的达成。这个过程的完成标志着介体功能的实现。就此而言，构建网络空间社会核心价值观认同介体机制的根本任务就是促进网民对社会主义核心价值观从理性认知到行为认同过程的达成。

从一般意义上讲，网络空间社会主义核心价值观认同包括认知、同化、内化三个阶段。所谓"认知"，就是网民系统了解、科学把握社会主义核心价值观基本内容的阶段，即把握社会主义核心价值观的概念、观点和思想体系，是一种被动接受。所谓"同化"，就是网民对接受的社会主义核心价值观相关内容进行审视、比较和深度思考，进行事实判断和价值判断，接受其中合理的内容，并纳入到自己的价值体系中，在一定阶段赋予其情感色彩。这两个阶段可以集中概括为理性认知的阶段，它兼具理性认同和情感认同的内容，是网民关于社会主义核心价值观的心理认同阶段。所谓"内化"就是网民在对社会主义核心价值观形成理性认知的基础上，将其作为自己思想观念与价值体系之内比较稳固的一部分，完成自身价值体系的重新建构，然后自主自觉地将其外化为自己良好的行为习惯。这个阶段可以概括为行为认同。因此，网络空间社会主义核心价值观认同可以集中概括为网民对社会主义核心价值观的心理认同和行为认同。其中，心理认同是行为认同的基础，行为认同是心理认同的结果，从心理认同到行为认同的完成，标志着网民对社会主义核心价值观认同的达成。

网络媒体是网络空间社会主义核心价值观认同的介体。构建网络空间社会主义核心价值观认同介体机制就是构建以网络媒体为基础的传播社会主义核心价值观的机制。这种机制的构建要遵循网民关于社会主义核心价值观认同的心理过程，并在此基础上促进价值认同向行为践行的转化。总体来讲，要发挥网络媒体的多重功能，根据网民群体的特征合理确定教育目标和内容，改革教育方式，加强对热点难点问题的解释，增强网民对社会主义核心价值观的理性认识；要坚持摆事实、讲道理与情感说服相结合，寓情于理、寓情于事，通过爱国主义情感教育和理想信念教育，增强社会主义核心价值观传播话语的情感说服力，夯实网民关于社会主义核心价值观的心理认同；要通过建立自律转化机制和行为固化机制来增强网民对社会主义核心价值观的行为认同，并将其转化为外在的实际行动。从而促成网民对社会主义核心价值观从理性认知到行为认同过程的达成。

第三节　宣传教育机制

网络空间社会主义核心价值观认同的基础环节是实现网民对社会主义价值观的理性认知。随着互联网普及率的提高，网络媒体传播信息的功能变得越来越重要。网络媒体是社会主义核心价值观在网络空间传播的主渠道，为社会主义核心价值观的深入传播注入了活力，为实现网民对社会主义核心价值观的理性认同提供了传播平台支撑。因此，要发挥网络媒体传播社会主义核心价值观的重要作用，弘扬主旋律，合理应对网络空间不良信息和不良习惯对青少年网民的影响，和开放性环境下多元文化、多种思潮对网民的冲击，以及文化帝国主义对我国主流意识形态建设的侵袭。为此，必须积极创建各类主题网站，有效运用网络"微"媒体和整合媒体资源，优化网络媒体生态环境。

一　积极优化各类主题网站

当前，我国已经初步形成了社会主义核心价值观的网上传播机制。其中，网站是最基础的网络媒体平台，是传播社会主义核心价值观的主阵地。有学者从政治传播的角度对我国网站进行了类型划分。[①]　第一种

[①]　郑洁等：《网络媒体传播社会主义核心价值观研究》，中国社会科学出版社 2012 年版，第 153—201 页。

是政府强监管网站，即中国内地（大陆）中央及地方政府主办或主导的官方媒体网站。它包括三类：一是人民网、新华网、央视网、中国政府网、光明网、中国文明网等中央网站；二是千龙网、东方网、大众网等地方政府主导型网站；三是针对学生群体的大学生在线、校园网等。第二种是政府弱监管网站，主要指商业网站（新浪、搜狐、腾讯、网易等）、个人网页、网络通信、非官方政经论坛等境内网站。第三种是境外网站，包括境外对华友好网站和对华非友好网站。以此为基础，郑洁教授为代表的学者专门对这些网站传播社会主义核心价值观的现状进行了调查分析，说明了网站传播社会主义核心价值观的成效。而且分析指出：网站传播社会主义核心价值观的过程中存在宣传内容同质化程度高、对生活嵌入度不高，甚至一些类型网站存在对社会主义核心价值观进行反宣传和攻击性宣传的问题。

为此，我们要以现有的网络媒体传播机制为基础，进一步优化各类主题网站。第一，要加强政府门户网站建设。政府门户网站是电子政府的实现方式，也是电子政务建设的核心内容。[①] 政府门户网站除了做好日常的政务信息传播、政策宣传和政务办理工作外，还要成为传播社会主义核心价值观的重要平台。各级政府门户网站首先要制定和出台关于培育和践行社会主义核心价值观的实施细则，以此作为本级政府宣传社会主义核心价值观的基础。其次，要利用自身的平台和功能优势，通过各种形式传播社会主义核心价值观科学理论问题，提高广大网民对社会主义核心价值观的认识和理解。要在开展公共事务的过程中加强与网民的互动交流，征询网民关于培育和践行社会主义核心价值观的具体意见。重要的是，政府各部门要在开展电子政务的过程中自觉践行社会主义核心价值观，使广大网民真正感受到社会主义核心价值观的现实魅力。

第二，要加强新闻网站、网络论坛建设。从网站的分类来看，人民网、新华网、凤凰网、千龙网、东方网等都是垂直网站，都属于专门的新闻网站。当然，这些新闻网站的功能都是综合性的。而网络论坛是网

---

① 赵志立：《网络传播学导论》，四川人民出版社 2009 年版，第 76 页。

络应用增长最快的应用之一。有专门的商业化运作的网络论坛或民间论坛，如天涯社区、西祠胡同、网易论坛、新浪论坛等，还有专门在校园内特别是高校中的"校园论坛"，如"水木清华""鼓浪听涛"等。有很多新闻网站内部也设有网络论坛，如人民网的"强国论坛"、新华网的"发展论坛"、中青在线论坛等，承担着政治宣传和舆论导向的功能。主流的新闻网站和有政府背景的网络论坛，起着传播正能量，引领网络舆论的作用，要使它们客观公正地传播新闻消息，弘扬优秀传统文化、革命文化和社会主义先进文化，客观宣传我国改革开放和社会主义现代化建设过程中的巨大成就，科学宣传和倡导社会主义核心价值观，让网民在感受和享受发展成果的基础上坚定"四个自信"，夯实对社会主义核心价值观的认同，从而达到引领网络舆论，引导网民树立正确价值观的效果。针对所有的网络论坛，要合理设置议程，围绕网民关于社会主义核心价值观问题的需要设置议题，帮助网民解决各种疑惑，通过与网民进行讨论和话题互动的方式增强网民对社会主义核心价值观的理性认知；要通过培养和规范网络论坛，引导它们加深对各种错误言论误导作用的认识，使得它们在网络媒体传播社会主义核心价值观过程中发挥积极作用，引导广大网民增强对社会主义核心价值观的理解和认同；要发挥网络论坛视频在线功能，实时播报关于社会主义核心价值观的内容，并与网民亲切互动，引导网民接受和内化社会主义核心价值观。针对高校网络论坛，通过合理议题设置与学者在线解答，使大学生网民从学理和实践等多个层面加深对社会主义核心价值观的理解和认同。

第三，加强红色网站和商业娱乐网站建设。红色网站是指党政部门、各企事业单位以宣传党的路线、方针、政策，发扬党的优良传统、弘扬爱国主义精神为宗旨，主办的集思想教育、信息传播、素质培养、文化娱乐为一体的综合性思想政治教育网站。[1] 这类网站是公益性的，需要财政拨款与各部门、各单位自筹相结合。目前，高校内部的红色网站建设粗具规模，集高校思政课教学资源、党建工作、辅导员工作、网上招新等内容于一体，成为高校传播社会主义核心价值观的重要阵地，

---

① 郑洁等：《网络媒体传播社会主义核心价值观研究》，中国社会科学出版社 2012 年版，第 281 页。

如清华大学学生"红色网站"、华中科技大学"华大在线"、重庆邮电大学"红岩网校"等。要借鉴高校红色网站建设的成功经验，倡导党政部门、各企事业党委根据各地、各部门、各单位实际情况合理创建红色网站，壮大社会主义核心价值观的传播力量。与公益性红色网站相对应的是商业性娱乐网站，它是网络媒体的重要组成部分，是传播社会主义核心价值观的重要渠道。在加强各类主题网站建设的过程中，要促进商业娱乐网站与政府门户网站、新闻网站、网络论坛、红色网站之间协同发展和良性互动，共同构建社会主义核心价值观的传播平台，夯实网络媒体作为传播社会主义核心价值观主渠道和主阵地的地位。

二　有效运用微信公众号

随着互联网技术和媒体技术的发展，现代社会的信息传播进入了"微"传播时代。微信是在这个过程中产生的一种新式媒体和传播平台。它的出现使社交关系发生了"泛社交"的转变。在微信平台上，好友来自不同地区、不同行业、不同年龄等，从熟人社交转向了泛化的社交，这样的社交转变使得聚集在一个平台的好友之间异质化程度较高。而部分好友之间信息都是相互了解和信任的，这种社交是一种强关系社交。这构成了微信传播的显著特征。微信公众号是微信的一项重要功能。根据百度百科的定义，微信公众号是开发者或商家在微信公众平台上申请的应用账号，该账号与 QQ 账号互通，通过公众号，商家可在微信平台上实现和特定群体的文字、图片、语音、视频的全方位沟通、互动。①根据腾讯微信公众平台的官方介绍，微信公众号的账号类型分为服务号、订阅号、企业号三种。服务号是给企业和组织提供更强大的业务服务与用户管理能力，帮助企业快速实现全新的公众号服务平台；订阅号是为媒体和个人提供一种新的信息传播方式，构建与读者之间更好的沟通与管理模式；企业号是为企业或组织提供移动应用入口，帮助企业建

---

① 《微信公众号》，2019 年 6 月 15 日，https：//baike. baidu. com/item/% E5% BE% AE% E4% BF% A1% E5% 85% AC% E4% BC% 97% E5% 8F% B7/4916400？fr = aladdin。

立与员工、上下游供应链及企业应用间的连接。① 根据微信公众号的分类和功能，我们知道它的传播方式兼具大众传播和人际传播的特点。因其使用的便利性、快捷性，得到了政府、诸多企事业单位的青睐。

目前，微信公众号已经成为一种重要的信息传播渠道。各大主流新闻网站、门户网站、高校等都建立了微信公众号，并在信息传播的过程中发挥了重要作用。因此，要有效运用微信公众号传播社会主义核心价值观。第一，要将微信公众号视为传播社会主义核心价值观的关键平台。微信公众号是与朋友圈、微信群相关联的，能够实现信息的立体化传播。要利用好微信公众号的这种传播特点，通过图片、文字、视频、语音等内容传播社会主义核心价值观，可以将中国梦、中国特色社会主义共同理想、社会主义荣辱观等内容融进事例中进行传播，增强传播的辐射面和效果。牢牢守住或"占领"微信公众号这个传播阵地。第二，要借助微信公众号传播"社交关系"的优势，以社会主义核心价值观为指导，丰富传播内容，使这种"关系"网络真正成为社会主义核心价值观的传播阵地。微信公众号传播的"社交关系"是基础，而优质的内容才是至上"法宝"。要针对社会主义核心价值观三个层面的内容，设置相应主题，安排有针对性的、通俗化的文章、视频等进行传播，在微信平台的强关系社交网络中实现扩散式和裂变式传播。第三，要根据微信公众号风格和受众群体的特点，制定合理的传播技巧和传播方式。根据受众群体的职业特点、年龄特点和受教育水平等，制作贴近受众群体实际的作品以润物细无声的方式影响网民。如罗振宇的《罗辑思维》就以网民关注的事情进行推送，深受网民喜欢。可以借鉴这样的方式，优化微信公众号推送作品的内容和形式，增强其亲和力。

三　有效整合媒体资源

当前，随着信息技术、计算机技术的发展，网络媒体的种类、形式和功能越来越多，成为人们获取信息的主渠道。但是网络自身的开放性、平等性、互动性特征使网络媒体发挥其功能和作用的同时，也引发

---

① 《微信公众平台》，2019 年 6 月 16 日，https：//mp. weixin. qq. com/cgi-bin/loginpage？ t = wxm2 - login&lang = zh_CN。

了一些问题，如不良信息对青少年的影响，错误甚至敌对思潮对社会主义核心价值观传播的挑战，以及信息深刻性、科学性的缺失等。为了满足广大网民在数字信息技术、网络媒体技术发展过程中，对于信息获取需求的提高，和网络空间文化多元化境遇对主流价值观念传播造成的负面影响，必须加大力度整合网络媒体资源，使各种形式的网络媒体有效聚合起来，形成传播合力，产生强大的传播效果。

整合网络媒体资源要坚持创新性原则，对网络媒体资源进行优化和重组，同时要实现网络媒体与其他媒体资源的有效整合。整合网络媒体资源的目的是为社会主义核心价值观的传播提供更好、更优质的平台和渠道。从而巩固马克思主义指导思想的地位，夯实中国特色社会主义共同理想和实现中华伟大复兴中国梦的心理基础，增强以爱国主义为核心的民族精神和以改革创新为核心的时代精神的吸引力和感召力，提高广大网民践行社会主义荣辱观的自觉性，增强社会主义意识形态的凝聚力。

整合网络媒体资源的实质是在数字技术和网络技术等推动下，实现各种信息传播媒介内容、渠道、终端、组织等不同层面相互渗透和相互交融的过程。其中，数字技术和网络技术是实现媒体融合或者媒体资源整合的动力和基础。就其内容来讲，整合网络媒体资源首先要实现网络媒体与网络媒体之间的资源整合。为此，要秉持创新性原则，将政府门户网站、商业娱乐网站、网络论坛、微博、微信、微视频等媒体形式的各种功能有效结合，并且实现相互之间的平台连接，通过从源头控制、过程监管、信息反馈等环节的有效管理，向网民提供健康、积极向上的信息，营造清朗的网络空间，力争向网民以多样的方式、一站式的服务、整合型的平台提供全面的信息，以方便、快捷、即时的方式满足广大网民的各种信息需求。

此外，还要加强网络媒体与传统媒体、手机媒体之间的资源整合。在网络空间培育和践行社会主义核心价值观，网络媒体是传播社会主义核心价值观的主阵地和主渠道。但这是一项系统工程，网络媒体作用发挥对网络空间社会主义核心价值观认同的形成起着核心作用，而传统媒体、手机媒体对此能起到辅助性作用。传统媒体、手机媒体对广大群众传播社会主义核心价值观的过程中，可以使现实社会中属于模糊意义上的网民群体增加对社会主义核心价值观的理解和认识，助力网络空间社会主义核心价值观的培育和践行。为此，其一，要实现网络媒体与传统媒体资源的有效整合。网络媒体信息传播开放性、互动性、便捷性、即时性等方面比传统媒体体现了巨大优势，但一直以来传统媒体靠着自己的权威性、真实性等特点积累了大批忠实读者，也有自身的比较优势。所以，应该从内容和传播渠道两个方面着手将二者有效结合起来，进行优化和重组，增强社会主义核心价值观传播的渗透力、权威性和深刻性。其二，要实现网络媒体与手机媒体资源的有效整合。随着智能手机功能的翻新、成本的降低和普及程度的提高，手机媒体已成为网络媒体的有效延伸。目前，手机媒体已经成为新媒体的重要组成部分，它以手机新闻、手机游戏、手机视频、手机服务等功能体现了自身的优势。有人将手机媒体称为继"第四媒体"——网络媒体之后的"第五媒体"。通过对全球社交网络用户规模分析：手机将成为未来几年社交网络增长的主要动力，移动社交网络的用户规模占社交网络用户规模的比重在逐年上升，预计到 2020 年比重将上升到 85.9%。[1] 通过整合网络媒体与手机媒体资源，实现二者功能的整合，可以将网络媒体成熟的主题内容与手机媒体更加便捷性、贴身性的特点结合起来，以更加快捷、更加立体化、更加亲近的方式向网民传播社会主义核心价值观。这样，有助于增强网民对社会主义核心价值观的认同。

四　优化网络媒体生态环境

当前，互联网已经与人们的日常生活产生了非常紧密的联系，网络空间也成为人们的第二生存空间。但是，互联网是一把"双刃剑"，它给人们生活带来便利，拓展了人们活动空间的同时，也引发了一些问题。而造成问题的原因主要在于网络环境的日益恶化。时代的发展对学科之间的相互融合要求越来越高，尤其涉及网络媒体发展问题时，网络技术、传播学和生态学的紧密结合成为一种必然趋势。这种趋势之下，

---

[1]　谭云明主编：《新媒体概论》，北京大学出版社 2018 年版，第 132 页。

网络媒介生态环境问题备受关注。

网络媒体生态环境是网络媒体进行传播活动以及自身发展所涉及的环境和条件的总和，包括信息、人、信息环境要素，分为内部环境和外部环境。① 网络媒介生态环境的优劣影响社会主义核心价值观传播效果的好坏。目前，网络空间存在过度商业化、低俗化问题，各种不良信息、虚假信息泛滥的现象，以及网络空间虚拟性、开放性等特征造成的网络安全问题等，严重影响了社会主义核心价值观在网络空间的有效传播。因此，要科学优化网络媒体的生态环境。首先，要树立科学的网络媒体生态观念，致力于构建和谐的网络媒体生态环境。要以对待生态环境的态度对待网络媒体生态环境，将其视为一个相互联系的有机整体。要从网络媒体技术和网络空间人文环境的发展角度，维护其内部环境的健康，还要从网络媒体与社会政治、经济、文化环境的相互联系角度，维持其外部生态环境的平衡。健康、有序、平衡的网络媒体生态环境可以促进社会主义核心价值观的有效传播。其次，从理论层面加强对传播学和生态学相关问题的研究，为优化网络媒体生态环境提供有效指导。网络生态学是"以人为焦点，贯彻整体观、互动观、平衡观、循环观和资源观的指导原则，将网络作为人的生存环境来展开研究的一门交叉学科"②。在此基础上，以传播学、生态学相关理论为指导，结合我国网络媒体生态环境发展实际制定相应的发展措施。最后，要从网络媒体管理的角度，优化网络媒介生态环境，净化网络空间。要以政府主导、公众参与、网络媒体自我管理为主要模式，加强对网络媒体的有效管理，使网络媒体在传递信息、引导舆论方面发挥正向作用。要通过积极引导、严格规制、有效预防的方式，使网络媒体减少误导公众、危害社会现象的发生，维护网络空间安全，营造良好的网络媒体生态环境。

当然，无论是主题网站和微信公众号的建设，还是媒体资源的有效整合与网络媒体生态环境的优化，都离不开网络媒体人才队伍作用的发挥。所以，要在完善各方面工作的同时，加强网络媒体人才队伍建设，

---

① 郑洁等：《网络媒体传播社会主义核心价值观研究》，中国社会科学出版社 2012 年版，第 303 页。

② 邵培仁：《论媒介生态的五大观念》，《新闻大学》2001 年第 4 期。

提高网络媒体从业人员的政治素养、业务素养和职业素养。此外，还要提高广大网民的媒介素养，有效促进社会主义核心价值观在网络空间的广泛传播。

第四节　传播同化机制

在网络空间社会主义核心价值观认同介体机制建设过程中，宣传教育机制的建设有助于增强网民对社会主义核心价值观的理性认同。认同程度的继续深化和认同效果的提高，有赖于价值认同由理性认同向情感认同和行为认同的转化。为此，必须在网络空间社会主义核心价值观认同宣传教育机制建设的基础上，科学构建传播同化机制，继续增强网民对社会主义核心价值观的理性认同，进而向情感认同转化，为行为认同的达成奠定基础。

一　发挥知识分子和公众人物的模范作用

（一）发挥知识分子在网络空间传播社会主义核心价值观的模范作用

知识分子是践行社会主义核心价值观的楷模。知识分子要深刻认识自身文化职责，身体力行，在网络空间大力践行社会主义核心价值观，引导广大网民破解各种认识难题，解除思想困惑，坚定对社会主义核心价值观认同的心理基础和情感基础。知识分子作用的发挥首先需要中国共产党通过做好知识分子工作，凝聚知识分子力量，从而使知识分子积极投身到网络空间传播社会主义核心价值观的事业中。

1. 知识分子的概念及其在意识形态建设中的作用

"知识分子"是一个经常被使用的概念，但关于"什么是知识分子"的问题，人们的理解却显得不尽一致。从一般意义上讲，知识分子是"掌握一定的文化科学知识，从事于创造、发明、理解、传播及运用观念、知识，依靠脑力劳动获取报酬为其主要生活来源的社会阶层"[①]。严

---

① 彭克宏主编：《社会科学大词典》，中国国际广播出版社1989年版，第315页。

格来讲，知识分子包含若干类型，有非文化型知识分子、传授与应用型知识分子、创造型知识分子和批判型知识分子。① 每一种类型的知识分子都有自身特定的含义。而本书的"知识分子"特指其中的一种类型，即批判型知识分子。他们精通某一个领域的专业知识，并希望超越这一领域，企图认识各个专业领域之间的内在关系，并综合这些领域的全部知识去探讨自然、人生和社会中那些"一般的、终极的"问题。他们这样做的时候，内心往往具有一种超常的道德力量，并且能够将本专业内的怀疑精神和创新意识融进对那些"一般的、终极的"问题的探索中。因此，他们具有三个基本特征，一是，对现实社会的重大问题、价值观念以及关于自然、人生的一些终极问题，深切关注；二是，对现状持批判态度；三是，这种关注的热忱和批判态度是建立在强烈的道德责任感之上的。② 国内外学者研究较多的就是这一群体。人们在现实生活中谈及"知识分子"一词时，也多指这一群体。具体而言，在当代中国，这类知识分子主要包括公共知识分子、党外知识分子和各种社会思潮的支持者。

从知识分子与主流意识形态建设之间的关系来看，一方面，知识分子能够推动主流意识形态的发展和创新。知识分子被誉为社会的良心。他们的内心往往具有超常的道德力量，能够超越直接的具体工作，向"意义和价值"更普遍更一般的王国去探求。借用美国社会学家科塞的话来说，"知识分子在其行为中显示了一种对于社会核心价值的突出的关切……知识分子从不满足于事物本身，不满足于习俗惯例，他们从一个更高的、更广阔的真理角度去怀疑现今的真理"③。在道德责任感的驱使下，再加上其他重要因素的影响，他们就具有了强烈的批判精神。这种批判精神经过长时间的积累成为他们的精神气质。就政治态度而言，这种批判精神往往使他们站在社会主流意识形态的对立面。但不可否认的是，他们的这种不满和不同政见，是深刻的、"精致"的，有助于主流意识形态自身不足的矫正。一种相对独立、批判的见解，对一个国家

---

① 郑也夫：《知识分子研究》，中国青年出版社2004年版，第10—14页。
② 同上书，第14页。
③ 冯友兰：《三松堂全集》第4卷，河南人民出版社1986年版，第7页。

来说是无价之宝，能够促进主流意识形态的发展。当一个国家的知识分子群体可以保持相对的独立性，能够表达自己的批判性见解时，就可以通过讨论和争锋的方式提高整个社会的认识水平，可以激发这个国家整体思想的活力，促进主流意识形态的发展。否则，这个国家的思想领域就会在一定时期呈现出一潭死水的局面。19世纪后半叶以来的英国，由于执政者保持着较多的宽容精神，能够在制定政策时充分听取知识分子团体的合理建议，这很大程度上保证了英国社会主流意识形态的开放性和包容性，促进了主流意识形态的创新发展。而在我国封建社会，由于形成了"官学一体"的体制，知识分子完全丧失了独立性，成为皇权的政治工具。尽管这种情况维持了中国封建社会秩序的长治久安，但使得以儒家思想为核心的主流意识形态慢慢变得封闭、保守，并最终走向没落。另外，在苏联，列宁领导俄国人民建立了社会主义之后，因政权建设的需要，慢慢改变了原来对知识分子的容忍态度，一点点拧紧了"螺丝钉"。到1938年，斯大林亲自定稿的《联共（布）党史简明教程》的发表，标志着苏共对思想文化领域的全面控制的确立。[①] 在这种情况下，从斯大林到勃列日涅夫时期，知识分子逐渐沦为政治的附庸。期间，尽管"不同政见者"中的一部分人以改革建言者的姿态，努力通过对话向苏共高层表达意见，但苏共不仅没有为他们提供对话的机会和渠道，反而剥夺了他们的言论自由。苏共对待知识分子的这种错误做法，很大程度上成为苏联意识形态僵化保守，改革长期得不到推进，并最终导致苏共垮台、苏联解体的一个重要原因。

另一方面，知识分子可能会成为主流意识形态的解构者，甚至颠覆者。纵然，知识分子被视为社会的良心、思想的启蒙者和引领者，但是他们的思想往往表现出"偏激"的倾向。客观来讲，这无可厚非。正因为有这种气质，他们才能道出现实生活中的弊端，才使思想领域时常闪现出灵感和智慧的火花。可是，当涉及重大现实政治问题时，他们的一些"偏激"看法或者意见建议，可能对主流意识形态形成冲击。我们应该清醒地意识到，政治和思想分属于两个不同领域，它们各自有着自己

---

① 冯绍雷、刘靖华、陈乐民：《冷眼向洋：百年风云启示录》下，生活·读书·新知三联书店2009年版，第156—157页。

的特质。政治时常表现得稳健些，而思想则显得激进且不失活力。对于一个正常的社会而言，政治生活总是落后于思想的。一个强大的民族，一个成熟的政党，必须在政治上时刻保持稳健，合理地吸收和利用思想领域的知识和智慧。如果执政党对知识分子因过于理想化、浪漫化、缺乏一定的专业性而提出偏激的、缺乏现实感的意见建议，不假思索地全盘接收，就有可能解构主流意识形态，甚至会颠覆主流意识形态。如法国大革命时期，当政者（大臣、行政官、总督）尽管具有丰富的政治管理经验，但放松了对舆论的引领，完全让出了自己的精神领域。这使得知识阶层特别是文人，迅速补位，走在舆论特别是政治思想的最前沿，他们的思想也在革命中被搬进了政治生活。需要指出的是，这些文人在平时与日常政治活动无关，他们的生活也是超然的，但却在大革命中获得了至高的荣誉，引领着法国的舆论，致使民众的思维慢慢背离现实社会转而沉沦于虚拟社会，最终在很大程度上导致大革命之后的法国陷入百年动荡。① 正是由于当时的法国执政者没有意识到知识分子阶层所表达的思想的激进性，才使得当时法国的主流意识形态在顷刻间瓦解，被缺乏政治生活体验的知识分子提出的一种激进的意识形态代替，进而造成了法国后来发展中的动荡局面。再如，戈尔巴乔夫担任苏联最高领导人的后期，他的政治队伍中混进了大量的自由主义者。这加速了戈尔巴乔夫后期改革的激进性，最终把苏联带进了历史深渊。鉴于此，中国共产党在意识形态领导权建设过程中，尤其是在培育和践行社会主义核心价值观的过程中，承认和尊重知识分子地位与作用的同时，还必须时刻对他们保持客观的态度。

2. 凝聚知识分子力量，夯实发挥知识分子传播社会主义核心价值观作用的基础

意识形态领导权建设是一个正向的、主动的过程。中国共产党要积极与知识分子进行沟通，帮助他们解决各种现实问题，努力为他们参与政治过程创造便利条件，从而使知识分子理解、支持和认同主流意识形态，进而巩固意识形态领导权，使知识分子在传播社会主义核心价值观

---

① ［法］托克维尔：《旧制度与大革命》，陈玮译，中央编译出版社 2013 年版，第 139—147 页。

的过程中发挥重要作用。

第一，要建立健全知识分子发挥作用的渠道。知识分子的思想领域可以与执政者的政治领域实现互动，而要实现互动就必须有顺畅的渠道。因此，要进一步巩固社会主义意识形态的领导权，应该建立健全知识分子发挥作用的渠道，创设知识分子政治参与的制度化途径。当前，人民代表大会制度与中国共产党领导的多党合作和政治协商制度为知识分子参与政治过程提供了便利。但是，由于人大代表中知识分子的比例较小，而且政协和各民主党派与知识分子的联系也不是很紧密，知识分子并没有通过这些渠道充分发挥积极作用。对此，我们要不断完善人民代表大会制度，进一步提高人大代表中知识分子代表的比例，并适当把他们吸纳到专职委员会当中，有效发挥他们的聪明才智。要健全社会主义协商民主制度，围绕团结和民主的两大主题，提高知识分子在政协和民主党派中的地位与作用，鼓励他们建言献策，服务全面深化改革的大局。对此，习近平同志指出，"党外知识分子工作，是统一战线的基础性、战略性工作。做党外知识分子工作，不仅要增强责任意识、配强工作力量，还要改进工作方法，学会同党外知识分子打交道特别是做思想政治工作的本领"[1]。另外，还要利用各种咨询会、学术报告引导知识分子参与到政治运作过程中。知识分子一般都在某个领域具有专长。我们可以召开专业性的咨询会、讨论会，邀请知识分子参加，听取他们对特定问题的看法，提高决策的专业化、科学化水平。对此，习近平同志指出，"各级领导干部要就工作和决策中的有关问题主动征求他们的意见和建议"[2]。要适当邀请知识分子为领导干部做学术报告，加强领导干部与知识分子的交流。这样，既有利于领导干部获取专业知识，也可以帮助知识分子认识到自己思想中的理想化成分，促进双方共同提高，间接发挥知识分子对政策决策的积极作用。更重要的是，要使这种咨询会、学术报告成为知识分子参与政治过程的制度化形式。此外，还要积极探

---

[1]　习近平：《巩固发展最广泛的爱国统一战线　为实现中国梦提供广泛力量支持》，《人民日报》2015 年 5 月 21 日。

[2]　习近平：《紧跟时代肩负使命锐意进取　为共同理想和目标团结奋斗》，《人民日报》2016 年 4 月 30 日。

索其他方式，使知识分子能够真正发挥自己的聪明才智，让他们具有强烈的存在感。

第二，也是非常重要的工作即要加强与知识分子的沟通与对话，使他们接受和认同社会主义核心价值观，为其主动承担传播社会主义核心价值观奠定基础。知识分子在自己擅长的领域和问题上，能够提出一些闪现着智慧光芒的新观点、新思想。但他们的观点和思想往往显得比较偏激。这种情况下，他们就可能会成为主流意识形态的解构者。对此，中国共产党必须充分发挥自身的智识和精神优势，加强与知识分子的沟通对话，充分表达自己的立场、观点，对知识分子进行有效引导，使他们在信服的基础上，接受和认同主流意识形态。一方面，要组织党内的专家学者与知识分子进行对话、沟通，帮助他们从思想和价值层面接受马克思主义世界观和价值观，掌握认识和分析问题的科学方法。另一方面，可以发挥那些为主流意识形态建设做出突出理论贡献的学者的作用，如中国人民大学的政治学学者杨光斌教授。他在民主理论研究方面颇有建树。针对当前西方民主政治发展过程中存在的问题，杨教授分别从理论与现实两个层面对之进行了深刻剖析，指出了西方自由民主理论在发展过程中对民主本质内涵的窄化，及其在现实运作过程中对民主本质内涵的背离。在此基础上，杨教授还指出，西方的自由民主制度并不具有普适性，而每一个国家都应该根据本国的实际构建自己的民主制度体系，走适合本国国情的民主政治发展道路。而且，基于中国历史文化以及比较政治发展的普遍化的制度形式，杨教授提出了超越自由民主的"可治理的民主"[①] 理论。杨教授的这些研究，在该领域属于前沿性的。这些研究成果的影响力也超出了国界。鉴于此，我们可以请杨教授就民主问题与国内的自由主义者、新左派进行对话、交流。相信杨教授关于民主理论的这些研究成果，能够在这种交流与讨论中散发出真理的光芒。这样，就可以使知识分子对中国民主政治的发展保持信心。马克思主义是社会主义核心价值观的指导思想，而"民主"是社会主义核心价值观的重要内容。增强知识分子对马克思主义的理解和认同，加深知识

---

① 杨光斌：《让民主归位》，中国人民大学出版社 2015 年版，第 4 页。

分子对民主价值观念的正确理解，可以为知识分子积极主动传播社会主义核心价值观奠定坚实基础。

3. 创新知识分子在网络空间传播社会主义核心价值观的做法

知识分子政治参与积极性的调动及其对主流意识形态的认同是其积极传播社会主义核心价值观的心理基础。知识分子在网络空间传播社会主义核心价值观的过程中发挥模范作用，有助于增强广大网民对社会主义核心价值观的理性认同和情感认同。因此，第一，要鼓励和引导知识分子为主流意识形态建设做出积极贡献，并在学术领域选择有一定造诣的学者，借助网络媒体平台发挥他们引领和传播社会主义核心价值观的作用。可以邀请知名学者建立个人微信公众号、开设个人博客和微博、将自己研究社会主义核心价值观的学术成果或者通俗短文发布，引导网民加深对社会主义核心价值观的理性认识。可以借助视频网站以直播或者录制视频的方式，向网民直接宣讲社会主义核心价值观。第二，发挥专家学者对相关领域问题掌握的权威性，在主题网站或网络论坛增加相应栏目，推动网民与专家学者互动和对话，在线为网民解惑答疑，对网民晓之以理，动之以情，引导网民增强对社会主义核心价值观的理性认识和情感认同。第三，将相关专家学者践行社会主义核心价值观的真实感人事迹在网络上进行宣传，增强知识分子传播社会主义核心价值观的感染力。

（二）发挥公众人物在网络空间传播社会主义核心价值观的模范作用

随着时代的进步和经济、文化、社会价值多元化的发展，在非政治领域出现了越来越多的公众人物，如娱乐明星、体育明星、商业精英、文化名人等。在互联网的发展助推下，公众人物的影响越来越大，甚至成为人们竞相追逐的偶像。也因此，公众人物的行为尤其是传播和践行社会主义核心价值观的行为具有了示范作用。

公众人物是指"在一定范围内具有一定的社会影响力或享有一定的社会知名度的人物，包括商界、政界、文艺界、体育界等社会各界明星人物"①。本书将从传播学的角度着重对公众人物传播、践行社会主义核心价值观的作用和影响力进行分析。公众人物凭借自身的努力而成名，从而获得了社会公众高度的关注、信任和支持，为其影响力的形成奠定了基础。这是他们自身努力与社会公众信任相结合促成的积极结果。公众人物在一定程度上引领着社会舆论的发展，而且政治公众人物还与社会公共资源有着紧密联系，具有较高的社会地位和较好的社会声誉，他们的影响力较大。所以，公众人物的言行具有代表性和示范性。

在网络空间培育和践行社会主义核心价值观一定要发挥公众人物的示范作用。要利用主题网站、网络论坛、微信公众号、博客等网络媒体平台为公众人物发挥作用提供便利。首先，公众人物要有高度的文化自觉，以社会舆论引领者身份发挥示范作用。社会主义核心价值观是社会主义意识形态的本质体现，对社会舆论起着引领和指导作用。公众人物要自觉做社会主义核心价值观的忠实践行者，提高自身传播社会主义核心价值观的水平，担当建设社会主义核心价值观话语的责任。如公众人物在各种网络媒体上发表言论的时候，不能像普通人一样为了个人私利而发表不正当言论，也不能机械式地对社会主义核心价值观进行假大空式的空泛代言，应该对社会主义核心价值观进行深刻认识的基础上以通俗的语言表达正确的价值观，站在公众或者公共利益的立场说真话、说实话，敢于为民代言、为公众利益代言。其次，公众人物还应该在网络空间传播社会主义核心价值观过程中，自觉担当起社会道德模范的作用。公众人物是享有一定声誉并被特定群体崇拜的偶像，他们往往成为"粉丝"群体追寻特定价值的符号。因此，公众人物对自己要有严格的要求，主动发挥道德担当作用。要注意自己在网络空间的一言一行，要遵纪守法，以严格的道德自觉约束自己，避免在网络空间出现关于公众人物学历造假、学术不端、为虚假广告代言等负面消息。最后，要引导公众人物积极主动在主题网站、网络论坛、博客、微信公众号以开设专栏或者参与网络直播的方式分享自己学习社会主义核心价值观的心得，和践行社会主义核心价值观的事迹，表达致力于传播社会主义核心价值

---

① 李金和：《当代中国核心价值体系建设的理论与实践》，知识产权出版社 2012 年版，第 192 页。

观内容和创新传播形式的决心。从而积极引导广大网民投身培育和践行社会核心价值观的事业。

二　发挥模范先锋人物或典型人物的标杆作用

榜样在社会生活中具有引领社会风尚的作用。模范先锋人物和先进典型人物是时代的标杆，是榜样的代表。他们的行为具有感染力和感召力，能够影响到身边的人，对身边人的价值观念产生直接的、正效应的影响。榜样人物的事迹可以起到感人至深的效果。发挥榜样人物在网络空间传播社会主义核心价值观的标杆作用，可以增强社会主义核心价值观对广大网民的吸引力、感染力和说服力，夯实广大网民对社会主义核心价值观的情感认同，进而推动网民以实际行动践行社会主义核心价值观。

榜样人物在网络空间传播社会主义核心价值观标杆作用的发挥要靠对榜样人物先进事迹的报道。关于榜样人物先进事迹的宣传报道属于典型报道。典型报道具有引领舆论、教育群众、道德示范的功能。典型报道可以通过反映和宣传具有代表性的典型人物的事迹，以新闻媒介较强的舆论宣传攻势，营造一种良好的、积极的社会舆论氛围，发挥舆论引导的作用。典型报道能够以先进人物的典型事迹引导人民树立正确的世界观、人生观和价值观。这些典型事迹往往包含深刻的人生哲理和积极的价值导向，以及鲜明的时代精神，真正对人们起到正向引领作用。典型报道中涉及的先进人物典型事迹的道德示范作用集中表现为：通过报道，引发人们对事件的肯定评论，能够显示出典型报道中蕴含的行为规范意义，从而为社会群体树立榜样和楷模。在网络空间大力宣传榜样人物的典型事迹，可以有效引领网络舆论，增强网民对社会主义核心价值观的情感认同和行为认同。

中国文明网是中央宣传部、中央文明办的门户网，是中国宣传思想文化工作和精神文明建设系统的门户网站。它设有"典型"栏目，集中报道关于当代雷锋、时代楷模、道德模范、最美人物、中国好人等事迹，是传播社会主义核心价值观的重要平台。如《把幸福给你："雷锋传人"郭明义 30 年的爱心之旅》中记载了郭明义的事迹。① 郭明义是第三届全国道德模范。他是辽宁鞍钢集团的一名普通工人，妻子是医院高级护士。本来家庭生活并不困难，但为了帮助别人，全家人过着清贫的生活。在他不到 40 平方米的家中，没有一件像样的家具，就连上大学放假回家的女儿也只能住在临时搭的床上。他在 15 年里每天提前 2 小时上班，16 年间为失学儿童、受灾群众捐款 12 万元，20 年来 55 次无偿献血，挽救数十人的生命。他追求纯粹，做好事不求人知，矢志不渝地追求真善美。他坚信奉献使人快乐、助人使人幸福，数十年如一日地用自己的博大爱心、满腔热血铸就了人间大爱，被誉为"爱心使者""雷锋传人"。他就是毛泽东同志所说的那类"一个高尚的人，一个纯粹的人，一个有道德的人，一个脱离了低级趣味的人，一个有益于人民的人"。又如《义务照顾邻居 22 年 济宁 76 岁大娘获评为山东省道德模范》中记载了道德模范信秀荣的事迹。② 从 1996 年起，贾维革、信秀荣夫妇向村委承诺愿意照顾村里的一名孤苦伶仃的聋哑老人，为老人洗衣、做饭、看病，直到 2018 年老人去世。虽然跟这位老人不沾亲带故，信秀荣却能义务照顾邻居 22 年。因此，2019 年山东省济宁市汶上县中都街道草桥村 76 岁的信秀荣被评为"山东省道德模范"。这些榜样人物事迹的报道，得到了网民的广泛好评。

要继续发挥中国文明网和地方各级文明网，以及类似网站的作用，同时还要创新典型事迹报道的方式，增强社会主义核心价值观传播的效果。要将榜样人物的典型事迹制作成影视作品，以形象化的方式讲故事、以通俗化的形式讲道理、以潜移默化的方式影响网民，增强网民对社会主义核心价值观的认同。要将榜样人物的典型事迹制作成公益广告，通过网络媒体进行广泛传播，传扬新风正气，等等。

---

① 《把幸福给你："雷锋传人"郭明义 30 年的爱心之旅》，2019 年 7 月 3 日，http：//www. wen-ming. cn/ddmf_296/tp_ddmf/201109/t20110921_331671. shtml。

② 《义务照顾邻居 22 年 济宁 76 岁大娘获评为山东省道德模范》，2019 年 12 月 5 日，http：//www. wenming. cn/ddmf_296/dx/201911/t20191129_5334700. shtml。

第五节　制度保障机制

网民对社会主义核心价值观认同由理性认同、情感认同向行为认同的转化，以及认同效果的保持，需要发挥制度保障作用。党的十九大报告指出："要以培养担当民族复兴大任的时代新人为着眼点，强化教育引导、实践养成、制度保障……把社会主义核心价值观融入社会发展各方面，转化为人们的情感认同和行为习惯。"[①]　其中，"制度保障"就是强调制度在社会主义核心价值观认同过程中的重要作用。可以说，制度保障是社会主义核心价值认同得以实现的关键环节。

制度设计对于社会主义核心价值观认同的实现具有规范和保障作用。首先，健全的制度能够为社会主义核心价值观认同的实现营造和谐环境。社会主义核心价值观是人们共享的价值观念，在人们的价值体系中处于核心地位。但是，混乱的、无序的社会环境无法保证人们自觉认同和践行社会主义核心价值观。健全完善的制度本身就蕴含着正确的价值取向，其有效实施有助于整合多元的价值观念，为人们的行为确定边界，引导人们向着积极的行为方向和活动路线前进，对人们的行为形成约束力。从而使人们能够遵守法律规则，为社会主义核心价值认同的实现营造和谐有序的社会环境。其次，将社会主义核心价值观认同与具体制度建设相融合，可以使社会主义核心价值观认同由抽象空洞的理论转化为具体形象的问题，保证社会主义核心价值观培育落细、落小、落实。最后，稳定的制度能够确保社会主义核心价值观认同实现的持续性。制度的作用是保障其内含的价值精神向现实转化、持续发挥效用。人们对社会主义核心价值观由理性认同、情感认同向行为认同转化之后，如果没有制度的约束，无法保证人们对社会主义核心价值观认同践行过程的固化。只有制定完善的价值认同固化机制，才能保证社会主义核心价值观认同实现的持续性。

因此，要建立健全网络空间社会主义核心价值观认同的制度保障机

---

① 习近平：《决胜全面建成小康社会　夺取新时代中国特色社会主义伟大胜利——在中国共产党第十九次全国代表大会上的报告》，人民出版社 2017 年版，第 42 页。

制。第一，要将社会主义核心价值观融入网络空间政策和法律法规建设中。将社会主义价值观的理念贯穿到政策、法律法规建设的各个环节，以刚性的制度规范网络行为主体的活动，使其在养成良好行为规范的过程中自觉认同和践行社会主义核心价值观。第二，要建立激励机制。通过激励举措的实施，充分调动网络行为主体培育和践行社会主义核心价值观的主观能动性。对在网络空间或者实践中践行社会主义核心价值观做出突出贡献，或者具有典型性的网络行为主体给予奖励和表彰，使各类网络行为主体在激励中完成对社会主义核心价值观认同的巩固和升华。从而引导网络空间形成积极认同和践行社会主义核心价值观的新气象。第三，要建立健全网络空间社会主义核心价值观认同的反馈调节与评价机制。评价是反馈调节的核心环节。要科学构建网络空间社会主义核心价值观认同的评价体系，为全面掌握网络空间社会主义核心价值观认同效果提供保障，为社会主义核心价值观认同在网络空间的持续实现奠定基础。

主要参考文献

一　经典著作类

1. 《马克思恩格斯文集》第 1—10 卷，人民出版社 2009 年版。
2. 《马克思恩格斯选集》第 1—4 卷，人民出版社 1995 年版。
3. 《马克思恩格斯全集》第 44 卷，人民出版社 2001 年版。
4. 《德意志意识形态》节选本，人民出版社 2003 年版。
5. 《列宁选集》第 1—4 卷，人民出版社 1995 年版。
6. 《毛泽东选集》第 1—4 卷，人民出版社 1991 年版。
7. 《邓小平文选》第 1—3 卷，人民出版社 1993、1994 年版。

二　文献类

1. 《习近平关于实现中华民族伟大复兴的中国梦论述摘编》，中央文献出版社 2013 年版。
2. 《习近平谈治国理政》，外文出版社 2014 年版。
3. 《习近平谈治国理政》第 2 卷，外文出版社 2017 年版。
4. 《习近平谈治国理政》第 3 卷，外文出版社 2020 年版。
5. 《习近平总书记系列重要讲话读本》，学习出版社、人民出版社 2016 年版。

三　中文著作类

1. 艾四林、王明初主编：《社会主义主流意识形态与当今中国社会思潮》，人民出版社 2014 年版。

2. 敖带芽：《社会主义意识形态建设：热问题与冷思考》，人民出版社2011年版。

3. 鲍宗豪主编：《数字化与人文精神》，上海三联书店2003年版。

4. 岑国桢编著：《青少年主流价值观：心理学的探索》，上海教育出版社2007年版。

5. 曾向阳：《当代意识科学导论》，东南大学出版社2003年版。

6. 车美萍等：《全球化与当代中国文化形态》，山东大学出版社2009年版。

7. 陈华：《走向文化自觉：中国网络媒体行业自律机制研究》，人民出版社2011年版。

8. 陈力丹、易正林：《传播学关键词》，北京师范大学出版社2009年版。

9. 陈明明、任勇主编：《国家治理现代化：理念、制度与实践》，中央编译出版社2016年版。

10. 陈伟军：《社会思潮传播与核心价值引领》，人民出版社2015年版。

11. 陈锡喜：《意识形态：当代中国的理论和实践》，中国人民大学出版社2018年版。

12. 陈新汉主编：《警惕核心价值体系"边缘化危机"》，社会科学文献出版社2011年版。

13. 陈章龙：《论主导价值观》，江苏人民出版社2006年版。

14. 程伟礼、杨晓伟：《中国特色社会主义核心价值观的历史形成》，复旦大学出版社2012年版。

15. 崔保国：《媒介变革与社会发展》，南京师范大学出版社1999年版。

16. 戴钢书等：《大学生社会主义核心价值理念培育质性研究》，人民出版社2008年版。

17. 戴木才：《中国特色核心价值观的传统、现实与前景》，广西人民出版社2011年版。

18. 董朝霞：《社会主义核心价值体系大众化教育研究》，中国社会科学出版社2011年版。

19. 董德刚：《当代中国根本理论问题：科学的马克思主义观研究》，河北人民出版社2009年版。

20. 董天策：《网络新闻传播学》，福建人民出版社 2003 年版。

21. 方旭光：《认同的价值与价值的认同：社会主义核心价值观论》，中国社会科学出版社 2014 年版。

22. 傅华：《当代中国先进文化及其传播路径研究》，中央文献出版社 2007 年版。

23. 高军等：《执政党建设价值基础论》，人民出版社 2011 年版。

24. 宫志峰等：《大学生社会主义核心价值体系建设研究》，人民出版社 2012 年版。

25. 龚群：《当代中国社会价值观调查研究》，北京师范大学出版社 2012 年版。

26. 辜鸿铭：《中国人的精神》，广西师范大学出版社 2001 年版。

27. 关海宽：《改革开放以来我国社会主义意识形态建设研究》，中国社会科学出版社 2012 年版。

28. 郭建宁：《社会主义核心价值观基本内容释义》，人民出版社 2014 年版。

29. 郭明飞：《网络发展与我国意识形态安全》，中国社会科学出版社 2009 年版。

30. 郭齐勇：《文化学概论》，武汉大学出版社 2014 年版。

31. 郭维平：《社会主义核心价值观生成与认同研究》，学习出版社 2016 年版。

32. 韩华：《全球化背景下的中国共产党人价值观研究》，光明日报出版社 2010 年版。

33. 韩震：《全球化时代的文化认同与国家认同》，北京师范大学出版社 2013 年版。

34. 韩震：《社会主义核心价值观凝练研究》，北京师范大学出版社 2012 年版。

35. 洪晓楠等：《当代西方社会思潮及其影响》，人民出版社 2009 年版。

36. 胡刚：《中国特色社会主义文化创新研究》，中国社会科学出版社 2018 年版。

37. 胡泳：《众声喧哗：网络时代的个人表达与公共讨论》，广西师范大学出版社 2008 年版。

38. 黄瑚：《网络传播法规与道德教程》，复旦大学出版社 2006 年版。

39. 黄进：《论核心价值观》，南京师范大学出版社 2013 年版。

40. 黄楠森：《有中国特色社会主义文化研究》，山东人民出版社 2003 年版。

41. 黄希庭、张进辅等：《当代中国青年价值观与教育》，四川教育出版社 1994 年版。

42. 江传月等：《创新与和谐：党的价值理论与青年价值观》，中国社会科学出版社 2010 年版。

43. 江华：《中国化马克思主义文化理论》，中国石油大学出版社 2008 年版。

44. 江潜：《数字家园：网络传播与文化》，复旦大学出版社 2001 年版。

45. 金观涛、刘青峰：《中国现代思想的起源：超稳定结构与中国政治文化的演变》第 1 卷，法律出版社 2011 年版。

46. 金震茅：《网络广播传播形态研究》，苏州大学出版社 2007 年版。

47. 居阅时、翟明安主编：《中国的象征文化》，上海人民出版社 2001 年版。

48. 匡文波：《网络媒体的经营管理》，中国传媒大学出版社 2009 年版。

49. 兰久富：《社会转型时期的价值理念》，北京师范大学出版社 1999 年版。

50. 李斌：《网络政治学导论》，中国社会科学出版社 2006 年版。

51. 李德顺：《价值论：一种主体性的研究》，中国人民大学出版社 2013 年版。

52. 李方祥：《中国共产党的传统文化观研究》，中共党史出版社 2008 年版。

53. 李国亭：《信息社会：数字化生存的地球村》，军事科学出版社 2003 年版。

54. 李伦：《网络传播伦理》，湖南师范大学出版社 2007 年版。

55. 李鹏主编：《社会主义核心价值体系与高校思想政治教育改革研究》，江西人民出版社 2011 年版。

56. 李伟权、刘新业：《新媒体与政府舆论传播》，清华大学出版社 2015 年版。

57. 李文明、吕福玉：《网络文化通论》，学习出版社 2012 年版。

58. 李晓东：《全球化与文化整合》，湖南人民出版社 2003 年版。

59. 李泽泉：《培育和践行社会主义核心价值观理论与实践探索》，人民出版社 2018 年版。

60. 梁建章：《网络社会的崛起》，上海交通大学出版社 2000 年版。

61. 廖小平：《价值观变迁与核心价值体系的解构与建构》，中国社会科学出版社 2013 年版。

62. 刘国强：《媒介身份重建——全球传播与国家认同建构研究》，四川大学出版社 2009 年版。

63. 刘华蓉：《大众传媒与政治》，北京大学出版社 2001 年版。

64. 刘济良：《价值观教育》，教育科学出版社 2007 年版。

65. 刘建军等：《信仰的呼唤：社会主义市场经济条件下的信仰问题研究》，人民出版社 2011 年版。

66. 刘京林：《大众传播心理学》，北京传播学院出版社 1997 年版。

67. 刘康：《文化·传媒·全球化》，南京大学出版社 2006 年版。

68. 刘少华、刘宏斌、余凯等：《国家治理体系现代化与政治治理》，湖南人民出版社 2015 年版。

69. 刘少杰：《当代中国意识形态变迁》，中央编译出版社 2012 年版。

70. 刘文富：《网络政治：网络社会与国家治理》，商务印书馆 2002 年版。

71. 刘翔：《中国传统价值观诠释学》，华东师范大学出版社 2010 年版。

72. 刘晓红：《大众传播心理研究》，中国广播电视出版社 2001 年版。

73. 卢昱等：《网络控制论概论》，国防工业出版社 2005 年版。

74. 鲁传颖：《网络空间治理与多利益攸关方理论》，时事出版社 2016 年版。

75. 陆地、高菲：《新媒体的强制性传播研究》，人民出版社 2010 年版。

76. 罗国杰：《马克思主义价值观研究》，人民出版社 2013 年版。

77. 吕晶华：《美国网络空间战略思想研究》，军事科学出版社 2014

年版。

78. 吕振宇主编：《论社会主义核心价值体系》，山东人民出版社 2009 年版。

79. 吕忠梅、朱书刚主编：《强学而力行：社会主义核心价值体系研究》，中共党史出版社 2012 年版。

80. 马德普：《社会主义基本价值论》，中央编译出版社 1997 年版。

81. 马俊峰：《马克思社会共同体与公民身份认同研究》，中国社会科学出版社 2019 年版。

82. 梅荣政：《用马克思主义引领社会思潮》，武汉大学出版社 2008 年版。

83. 孟轲：《社会主义核心价值观的大众认同问题研究》，人民出版社 2018 年版。

84. 聂立清：《我国当代主流意识形态认同研究》，人民出版社 2010 年版。

85. 宁先圣、石新宇：《社会主义核心价值体系与当代社会思潮》，社会科学文献出版社 2011 年版。

86. 潘维、玛雅主编：《聚焦当代中国价值观》，生活·读书·新知三联书店 2008 年版。

87. 彭宏杰：《先进文化与党的建设研究》，湖南大学出版社 2008 年版。

88. 彭兰主编：《网络传播案例教程》，中国人民大学出版社 2010 年版。

89. 乔岗编著：《网络化生存：Internet》，中国城市出版社 1997 年版。

90. 秦在东：《社会主义精神质量：逻辑关联与价值转换》，华中师范大学出版社 2010 年版。

91. 秦志希等：《媒介文化新视点》，武汉大学出版社 2010 年版。

92. 邱国勇：《社会主义核心价值观教育研究》，人民出版社 2014 年版。

93. 邱林川、陈韬文主编：《新媒体事件研究》，中国人民大学出版社 2011 年版。

94. 沙莲香等：《中国社会心理分析》，辽宁教育出版社 2004 年版。

95. 邵培仁：《传播学》，高等教育出版社 2000 年版。

96. 沈卫星：《社会主义核心价值体系认同面临的挑战与应对》，学习出版社 2016 年版。

97. 石芳：《多元文化背景下的核心价值观教育》，人民出版社 2014 年版。

98. 石云霞主编：《当代中国价值观论纲》，武汉大学出版社 1996 年版。

99. 司马云杰：《中国文化精神的现代使命：关于中国文化根本精神与核心价值观的研究》，山西教育出版社 2008 年版。

100. 宋惠昌：《人的发现与人的解放：近代中国价值观的嬗变》，四川人民出版社 2008 年版。

101. 苏振芳主编：《网络文化研究——互联网与青年社会化》，社会科学文献出版社 2007 年版。

102. 孙乃龙：《社会意识形态危机与规避：当代中国社会思潮的本质及导引研究》，中国社会科学出版社 2013 年版。

103. 孙伟平、陈慧平：《当代中国社会价值观调研报告》，中国社会科学出版社 2013 年版。

104. 孙卫华：《网络与网络公民文化：基于批判与建构的视角》，中国社会科学出版社 2013 年版。

105. 谭培文：《利益认同机制研究——基于社会主义核心价值体系认同视角》，中国社会科学出版社 2014 年版。

106. 唐守廉主编：《互联网及其治理》，北京邮电大学出版社 2008 年版。

107. 田海舰、邹卫：《社会主义核心价值观论纲》，人民出版社 2010 年版。

108. 田海舰：《社会主义核心价值观研究》，河北大学出版社 2008 年版。

109. 田华、史卫民：《中国政治文化研究：不同公民群体的政治认同比较》，中国社会科学出版社 2019 年版。

110. 童世骏：《意识形态新论》，上海人民出版社 2006 年版。

111. 王炳权：《当代中国政治思潮研究》，中国社会科学出版社 2014 年版。

112. 王成兵：《当代认同危机的人学解读》，中国社会科学出版社 2004 年版。

113. 王虎学：《社会转型期价值观的分化与整合》，人民出版社 2016

年版。

114. 王沪宁：《政治的逻辑》，上海人民出版社 2004 年版。

115. 王建民：《网络化时代的个人与社会》，中国社会出版社 2017 年版。

116. 王金水：《网络政治参与与政治稳定机制研究》，中国社会科学出版社 2013 年版。

117. 王伦光：《价值自觉与社会主义核心价值体系建设研究》，人民出版社 2017 年版。

118. 王莆：《价值观教育的合法性》，北京师范大学出版社 2009 年版。

119. 王琴：《筑牢中华民族精神支柱——建设社会主义核心价值体系研究》，人民出版社 2010 年版。

120. 王永贵：《经济全球化与社会主义意识形态建设研究》，人民出版社 2005 年版。

121. 王正平：《信息网络与文化传播》，生活·读书·新知三联书店 2011 年版。

122. 王中军：《网络文明建设中网民自律培育》，湖南人民出版社 2011 年版。

123. 魏恩政：《中国特色社会主义文化建设》，中共中央党校出版社 2006 年版。

124. 吴风：《网络传播学：一种形而上的透视》，人民出版社 2007 年版。

125. 吴宏彪：《核心价值观：建设有灵魂的组织》，新华出版社 2006 年版。

126. 吴满意主编：《网络媒体导论》，国防工业出版社 2008 年版。

127. 吴向东：《重构现代性：当代社会主义价值观研究》，北京师范大学出版社 2009 年版。

128. 吴新文：《社会主义核心价值观》，重庆出版社 2009 年版。

129. 吴毅、朱世广、刘治立：《中华人文精神论纲》，人民出版社 2011 年版。

130. 吴予敏主编：《传播与文化研究》，北京大学出版社 2007 年版。

131. 吴玉军：《社会主义核心价值观与国家认同建构》，四川人民出版社 2018 年版。

132. 谢海光主编：《互联网与思想政治工作概论》，复旦大学出版社 2000 年版。

133. 谢宏忠：《大学生价值观导向：基于文化多样性视野的分析》，社会科学文献出版社 2010 年版。

134. 谢晓娟：《文化多样性与当代中国软实力建设》，人民出版社 2015 年版。

135. 徐海波：《意识形态与大众文化》，人民出版社 2009 年版。

136. 徐觉哉：《社会主义流派史》，上海人民出版社 2007 年版。

137. 许倬云：《中国文化与社会文化》，贵州人民出版社 1999 年版。

138. 宣召凯：《中国社会价值观现状及演变趋势》，人民出版社 2011 年版。

139. 薛小荣、王萍：《网络党建能力论：信息时代执政党的网络社会治理能力》，时事出版社 2014 年版。

140. 严耕等：《网络悖论：网络的文化反思》，国防科技大学出版社 1998 年版。

141. 晏辉：《现代性语境下的价值与价值观》，北京师范大学出版社 2009 年版。

142. 杨河主编：《社会主义和谐社会与意识形态》，北京大学出版社 2009 年版。

143. 杨宏雨：《中国特色社会主义现代化的多维审视》，学林出版社 2006 年版。

144. 杨立英、曾盛聪：《全球化、网络化境遇与社会主义意识形态建设研究》，人民出版社 2006 年版。

145. 杨明等：《社会主义核心价值体系论纲》，南京大学出版社 2013 年版。

146. 杨先农：《马克思主义中国化与民族精神的升华研究》，四川人民出版社 2008 年版。

147. 叶飞霞、刘淑兰：《引领文化与文化引领》，人民出版社 2012 年版。

148. 殷晓蓉：《网络传播文化：历史与未来》，清华大学出版社 2005 年版。

149. 俞思念主编：《社会主义文化建设的历史理论与实践》，中国社会科学出版社 2008 年版。

150. 俞吾金：《意识形态论》，人民出版社 2009 年版。

151. 宇文利：《中国人的价值观》，中国人民大学出版社 2012 年版。

152. 郁建兴、朱旭红：《社会主义价值学导论》，浙江人民出版社 1997 年版。

153. 喻国明等：《微博：一种新传播形态的考察》，人民日报出版社 2011 年版。

154. 袁贵仁：《价值观的理论与实践：价值观若干问题的思考》，北京师范大学出版社 2006 年版。

155. 袁贵仁：《价值学引论》，北京师范大学出版社 1991 年版。

156. 张春兴：《现代心理学》，上海人民出版社 1991 年版。

157. 张国良、颜春龙主编：《全球网络化与大数据时代的文化认同与区域发展》，上海人民出版社 2018 年版。

158. 张昆：《大众媒介的政治社会化功能》，武汉大学出版社 2003 年版。

159. 张荣：《互联网时代的社会认同整合机制研究》，人民出版社 2018 年版。

160. 张森林：《经济全球化与世界社会主义价值的思考》，人民出版社 2011 年版。

161. 张秀：《多元正义与价值认同》，上海人民出版社 2012 年版。

162. 张衍前：《网络时代执政党意识形态建设研究》，中共中央党校出版社 2008 年版。

163. 章传家、颜晓峰主编：《民族复兴之路的回望与思考》，人民出版社 2009 年版。

164. 赵馥洁：《价值的历程：中国传统价值观的历史演变》，中国社会科学出版社 2006 年版。

165. 赵刚、肖欢：《国家软实力：超越经济和军事的第三种力量》，新世界出版社 2010 年版。

166. 赵建平：《社会主义民主价值论》，上海人民出版社 2010 年版。

167. 赵杰：《中华民族共有精神家园论》，人民出版社 2012 年版。

168. 赵阳、林园：《中国梦研究》，中国海洋大学出版社 2015 年版。

169. 赵勇：《社会主义意识形态功能研究》，上海人民出版社 2012 年版。

170. 正东迎：《中国网络媒体对外传播研究》，中国书籍出版社 2011 年版。

171. 郑爱龙：《网络社会与社会主义核心价值观认同》，安徽师范大学出版社 2016 年版。

172. 郑傲：《网络互动中的网民自我意识研究》，电子科技大学出版社 2013 年版。

173. 郑杭生：《转型中的中国和中国的社会转型——中国社会主义现代化进程的社会学研究》，首都师范大学出版社 1996 年版。

174. 郑洁等：《网络媒体传播社会主义核心价值观研究》，中国社会科学出版社 2012 年版。

175. 钟瑛：《网络传播伦理》，清华大学出版社 2005 年版。

176. 周民锋：《当代中国意识形态观研究》，人民出版社 2012 年版。

177. 周玉：《社会主义核心价值体系大众化研究》，人民出版社 2012 年版。

178. 周玉清、王少安：《社会主义核心价值体系引领大学文化建设论纲》，人民出版社 2011 年版。

179. 朱汉国等：《当代中国社会思潮研究》，北京师范大学出版社 2012 年版。

180. 邹徐文：《论中国特色社会主义文化建设》，凤凰出版传媒集团、江苏人民出版社 2010 年版。

181. ［英］安德斯·汉森等：《大众传播研究方法》，崔保国、金兼斌等译，新华出版社 2004 年版。

182. ［英］安东尼·吉登斯：《现代性与自我认同：晚期现代中的自我与社会》，夏璐译，中国人民大学出版社 2016 年版。

183. ［英］奥利弗·博伊德·巴雷特、克里斯·纽博尔德编：《媒介研究的进路：经典文献读本》，汪凯、刘晓红译，新华出版社 2004 年版。

184. ［美］戴安娜·克兰：《文化生产：媒体与都市艺术》，赵国新译，译林出版社 2001 年版。

185. ［英］戴维·冈特利特主编:《网络研究——数字化时代媒介研究的重新定向》,彭兰等译,新华出版社 2004 年版。

186. ［英］戴维·莫利、凯文·罗宾斯:《认同的空间——全球媒介、电子世界景观和文化边界》,司艳译,南京大学出版社 2001 年版。

187. ［英］戴维·英格利斯:《文化与日常生活》,张秋月、周雷亚译,中央编译出版社 2010 年版。

188. ［美］丹尼斯·K. 姆贝:《组织中的传播和权力:话语、意识形态和统治》,陈德民等译,中国社会科学出版社 2000 年版。

189. ［英］丹尼斯·麦奎尔等:《大众传播模式论》,祝建华译,上海译文出版社 2008 年版。

190. ［美］道格拉斯·凯尔纳:《媒体奇观——当代美国社会文化透视》,史安斌译,清华大学出版社 2003 年版。

191. ［美］弗雷德里克·S. 西伯特、西奥多·彼得森、威尔伯·施拉姆:《传媒的四种理论》,戴鑫译,中国人民大学出版社 2008 年版。

192. ［法］加布里埃尔·塔尔德:《传播与社会影响》,何道宽译,中国人民大学出版社 2005 年版。

193. ［美］杰弗里·斯蒂伯:《我们改变了互联网,还是互联网改变了我们?》,李昕译,中信出版社 2010 年版。

194. ［德］卡尔·曼海姆:《意识形态与乌托邦》,黎明、李书崇译,商务印书馆 2000 年版。

195. ［美］凯斯·桑斯坦:《网络共和国》,黄维明译,上海人民出版社 2003 年版。

196. ［美］罗伯特·L. 索尔索:《认知心理学》,何华译,江苏教育出版社 2010 年版。

197. ［加］马歇尔·麦克卢汉:《理解媒介:论人的延伸》（增订评注本）,何道宽译,译林出版社 2011 年版。

198. ［英］麦克莱伦:《马克思思想导论》,郑一明、陈喜贵译,中国人民大学出版社 2008 年版。

199. ［美］曼纽尔·卡斯特:《认同的力量》,夏铸九、黄丽玲等译,社会科学文献出版社 2003 年版。

200.［美］曼纽尔·卡斯特：《网络社会的崛起》，夏铸九、王志弘等译，社会科学文献出版社 2001 年版。

201.［美］尼葛洛庞帝：《数字化生存》，胡泳、范海燕译，海南出版社 1997 年版。

四　外文著作类

1. Bolter, David Jay and Richard Grusin, *Remediation*：*Understanding New Media*, Cambridge：MIT Press, 1999.

2. Couldry, Nick, *Media Rituals*：*A Critical Approach*, London：Routledge, 2003.

3. Davis, Richards, *The Web of Politics*：*The Internet's Impact on the American Political System*, New York：Oxford University Press, 1999.

4. Garson, G., David, *Public Information Technology and E-Governance*：*Managing the Virtual State*, Raleigh, North Carolina：Jones and Bartlett Publishers, 2006.

5. Hillis, Ken, *Online a Lot of the Time*：*Ritual*, *Fetish*, *Sign*, Durham：Duke University Press, 2009.

6. Livingstone, Sonia, *Young People and New Media*, London, UK, and Thousand Oaks, CA：Sage Publications, 2002.

7. Pariser, Eli, *The Filter Bubble*：*What the Internet is Hiding from You*, New York：Penguin, 2001.

8. Webster, F., *Theories of the Information Society*, London：Routledge, 1995.

9. Zittrain, Jonathan, *The Future of the Internet and How to Stop It*, New Haven, CT：Yale University Press, 2009.

五　学术论文类

1. 曹洪军：《社会主义核心价值观深度凝练的认识分歧与困境突破》，《中国矿业大学学报》（社会科学版）2017 年第 3 期。

2. 陈曙光：《社会主义核心价值观凝练中的若干问题》，《理论视野》

2013 年第 5 期。

3. 陈延斌、朱莉涛：《深度凝练社会主义核心价值观的若干思考》，《伦理学研究》2019 年第 3 期。

4. 邓海林：《新时代网络空间治理及其文化秩序建构》，《江海学刊》2019 年第 3 期。

5. 范玉刚：《新媒体与网络空间的文化表达》，《探索与争鸣》2012 年第 3 期。

6. 方世南、徐雪闪：《网络意识形态安全中意见领袖作用研究》，《南京师大学报》（社会科学版）2019 年第 1 期。

7. 高冉：《中国网民的媒介形象》，《新闻世界》2011 年第 7 期。

8. 高如：《警惕网络舆论生态泛娱乐化的负效应》，《毛泽东邓小平理论研究》2017 年第 8 期。

9. 葛和平、吴福象：《中国贫富差距扩大化的演化脉络与机制分析》，《现代经济探讨》2019 年第 5 期。

10. 顾友仁、方爱东：《中国特色社会主义的价值向度——近五年社会主义核心价值观研究述要》，《伦理学研究》2011 年第 2 期。

11. 郭珂琼：《网民权利概念解析》，《理论与改革》2014 年第 1 期。

12. 黄一玲、焦连志、程世勇：《网络文化"泛娱乐化"背景下的社会主义核心价值观认同培育》，《湖北社会科学》2016 年第 11 期。

13. 姬圣琦：《网络监督的问题与对策研究》，《管理观察》2019 年第 3 期

14. 姜迎春：《社会主义核心价值观凝练的多维视角、分歧原因与争论焦点》，《河海大学学报》（哲学社会科学版）2014 年第 2 期。

15. 蒋桂芳：《关于网络意识形态建设的思考》，《思想理论教育导刊》2019 年第 1 期。

16. 靳志强：《社会主义核心价值观认同的利益机制研究》，《长春理工大学学报》（社会科学版）2011 年第 7 期。

17. 李大棚：《社会主义核心价值观认同机制的多维构建》，《中共云南省委党校学报》2015 年第 1 期。

18. 李江静：《网络空间主流意识形态话语权的国际挑战探微》，《思想教

育研究》2018 年第 1 期。

19. 李静：《中国梦与社会主义核心价值观相关性探析》，《人民论坛》2015 年第 32 期。

20. 李振谊：《大数据与中国网民自觉维护网络安全的动力机制建构》，《郑州大学学报》（哲学社会科学版）2018 年第 1 期。

21. 刘凤霞：《用社会主义核心价值观铸就公务员爱国之魂》，《辽宁行政学院学报》2014 年第 6 期。

22. 刘雄旺、蔡中宏：《社会主义核心价值观：社会主义本质的彰显》，《兰州交通大学学报》2018 年第 5 期。

23. 刘雪玉：《泛娱乐化时代的网络恶搞》，《东吴学术》2017 年第 3 期。

24. 刘艳萍：《社会主义核心价值观新媒体传播的转型向度及实践路径》，《阴山学刊》2019 年第 4 期。

25. 马得勇、王丽娜：《中国网民的意识形态立场：左者恒左，右者恒右》，《文化纵横》2015 年第 6 期。

26. 马健永、费聿辉：《论社会主义核心价值观与中国梦的内在契合性》，《学习论坛》2018 年第 3 期。

27. 宁德鹏：《用社会主义核心价值观引领社会治理理念创新》，《中国行政管理》2019 年第 4 期。

28. 祁佳斌、王华彪、刘蓓蓓：《高校教师培育践行社会主义核心价值观简论》，《学校党建与思想教育》2019 年第 4 期。

29. 任春雨：《社会主义核心价值观在网络空间治理中的恰切之道》，《思想政治教育研究》2018 年第 2 期。

30. 帅全锋：《社会主义核心价值观视阈下的公务员廉政道德治理对策选择》，《河北大学学报》（哲学社会科学版）2015 年第 1 期。

31. 宋世杰：《社会主义核心价值观视角下的公务员职业道德提升》，《人民论坛》2013 年第 20 期。

32. 宋小红：《中国梦与社会主义核心价值观的内在关系》，《学校党建与思想教育》2015 年第 19 期。

33. 孙绍勇：《消费主义的内在机理及其意识形态逻辑透析》，《理论学刊》2019 年第 4 期。

34. 汤玉红：《党员干部和公务员应成为践行社会主义核心价值观的主要行为者》，《教育教学论坛》2017 年第 38 期。

35. 王常柱：《中国梦视阈下的个人主义与社会主义核心价值观》，《岭南学刊》2017 年第 4 期。

36. 王超品：《现代教育环境下农村青年的文化认同与身份认同对社会主义核心价值观的影响》，《云南行政学院学报》2015 年第 3 期。

37. 王慧：《近七成网民自认心态"不太成熟"——中国网民心态成熟度调查》，《人民论坛》2011 年第 25 期。

38. 王江红：《中国网民规模与结构变化及其对网络文学发展的影响》，《广西社会科学》2019 年第 7 期。

39. 王英杰、张朝彬、张舵：《文化自信与社会主义核心价值观认同机制构建》，《重庆社会科学》2019 年第 5 期。

40. 夏锋：《新时代社会主义核心价值观与治理现代化契合性的价值哲学阐释》，《学习与探索》2018 年第 9 期。

41. 项久雨、吴海燕：《论社会主义核心价值观与中国梦的内在联系》，《思想政治教育研究》2016 年第 4 期。

42. 肖潇：《实现中国特色社会主义共同理想的三个维度》，《江汉论坛》2017 年第 10 期。

43. 谢玉进、胡树祥：《论新时代网民自律的培育》，《思想理论教育导刊》2019 年第 6 期。

44. 辛向阳：《社会主义核心价值观是社会主义本质要求》，《思想理论教育导刊》2014 年第 9 期。

45. 严国萍：《社会主义核心价值观与国家治理现代化》，《马克思主义与现实》2018 年第 3 期。

46. 杨美丽：《新媒体时代意识形态话语权的构建》，《人民论坛》2019 年第 3 期。

47. 姚崇：《高校教师社会主义核心价值观的心理认同逻辑及其建设路径》，《西北师大学报》（社会科学版）2019 年第 4 期。

48. 游志斌：《议题管理视角下的网络群体性事件防范》，《吉首大学学报》（社会科学版）2010 年第 5 期。

49. 张波、陈曦：《网络空间中文化治理的维度与策略》，《社会科学战线》2019 年第 2 期。

50. 张金凤：《十五年来中国网民的舆论角色嬗变》，《新闻界》2009 年第 5 期。

51. 张名章、赵群：《新媒介视域下社会主义核心价值观的建构与培育——基于人民网微信公众号的实证分析》，《昆明理工大学学报》（社会科学版）2016 年第 5 期。

52. 张明：《习近平新时代中国特色社会主义思想时代价值的三重叙事逻辑》，《江苏社会科学》2019 年第 5 期。

53. 张耀灿：《关于社会主义核心价值观凝练问题的思考》，《重庆工商大学学报》（社会科学版）2013 年第 3 期。

54. 张元、丁三青、李晓宁：《网络环境下社会主义核心价值观认同的实践路径》，《科学社会主义》2014 年第 4 期。

55. 张志安：《人工智能对新闻舆论及意识形态工作的影响》，《人民论坛》2018 年第 8 期。

56. 周妍、张文祥：《移动互联网下的传播变革及其社会影响》，《山东社会科学》2019 年第 2 期。

57. 邹宏秋：《论社会主义核心价值观与中国特色社会主义发展的契合》，《齐齐哈尔大学学报》（哲学社会科学版）2015 年第 12 期。

58. 左亚文、石海燕：《再论社会主义核心价值观的凝练和深化（上）——核心价值体系与核心价值观》，《理论探讨》2013 年第 3 期。

59. 左亚文、程建：《再论社会主义核心价值观的凝练和深化（下）——如何完善和深化社会主义核心价值观》，《理论探讨》2013 年第 3 期。

附录 网络环境条件下大学生对社会主义核心价值观认同状况调查

亲爱的同学:

　　您好!我们是浙江师范大学"网络环境条件下社会主义核心价值观认同机制研究"课题组成员,正在进行一项关于"网络环境条件下大学生对社会主义核心价值观认同状况"的问卷调查。此次调查面向全体大学生。我们希望通过调查,了解信息时代大学生对社会主义核心价值观的认识、了解、认同及实践状况。

　　本次调查采取无记名方式,我们承诺不泄露您的任何个人信息,且内容仅供研究分析,请您根据实际情况放心填写问卷。

　　问卷填写大约占用您 10 分钟的时间,衷心感谢您对我们工作的支持,谢谢!

"网络环境条件下大学生对社会主义核心价值观认同状况调查"课题组

2018 年 10 月 11 日

【个人信息】(单选)

1. 您的年级段是?(单选)

A. 大一 　　　　　　　　　　B. 大二

C. 大三 　　　　　　　　　　D. 大四

2. 您的专业是?(单选)

A. 人文社科管理 　　　　　　B. 理工农医类

C. 体育艺术类

3. 您的政治面貌是?（单选）

A. 中共党员　　　　　　　B. 共青团员

C. 民主党派　　　　　　　D. 群众

【网络环境条件下大学生社会主义核心价值观认同状况】（单选、多选混合交叉）

4. 您每天上网时长大约是?（单选）

A. 1 小时之内　　　　　　B. 1—3 小时

C. 4—6 小时　　　　　　 D. 7—9 小时

E. 9 小时以上

5. 您每天上网浏览的信息主要是什么?（单选）

A. 新闻时事类（新华社、搜狐新闻等）

B. 视频电影类（视频、影视作品等）

C. 社交互动类（微信、微博等）

D. 休闲娱乐类（网页游戏、网络小说等）

E. 线上购物类（淘宝、京东等）

6. 您偏好在网络上发表哪一类言论?（单选）

A. 时事评论类　　　　　　B. 生活动态类

C. 休闲娱乐类　　　　　　D. 不发表言论

7. 您认为网络环境下价值领域出现的特点是?（多选）

A. 多样化　　　　　　　　B. 简单化

C. 复杂化　　　　　　　　D. 消极化

E. 积极化　　　　　　　　F. 从众化

8. 您知道社会主义核心价值观的三个层面、24 个字吗?（单选）

A. 全都知道　　　　　　　B. 只知道一部分

C. 完全不知道

9. 您认为网络环境对社会主义核心价值观的传播与认同是否有影响?（单选）

A. 有很大影响　　　　　　B. 有一定影响

C. 基本没有影响　　　　　D. 完全没有影响

10. 您认为网络环境对社会主义核心价值观的影响主要有哪些？（多选）

A. 网络促进社会主义核心价值观的传播

B. 网络促进个人对社会主义核心价值观的理解

C. 网络的部分内容丰富社会主义核心价值观的内涵

D. 网络传播的各种价值观和文化，冲击民众对社会主义核心价值观的认同感

E. 网络中存在部分夸张、捏造的新闻言论，冲击民众对社会主义核心价值观的信任感

F. 网络信息的快餐化，导致个人难以深入理解和感受社会主义核心价值观的内涵

G. 其他（请填写具体内容）_____

11. 对社会主义核心价值观国家层面四项内容，您理解其内涵吗？请在相应单元格内打钩。

	理解	有一点理解	不理解
富强			
民主			
文明			
和谐			

12. 对社会主义核心价值观社会层面四项内容，您理解其内涵吗？请在相应单元格内打钩。

	理解	有一点理解	不理解
自由			
平等			
公正			
法治			

13. 对社会主义核心价值观个人层面四项内容，您理解其内涵吗？请在相应单元格内打钩。

	理解	有一点理解	不理解
爱国			
敬业			
诚信			
友善			

14. 如果您对社会主义核心价值观的国家、社会、个人层面建设目标无法充分理解，请问造成的原因是？（多选）

（11、12、13 题全部选择"理解"的，跳过此题）

A. 网络上关于社会主义核心价值观的释义多，干扰个人思考

B. 网络上对社会主义核心价值观的褒贬不一，阻碍深入理解

C. 网络上宣传不到位，缺少理解渠道

D. 网络上各类价值观混杂，影响个人理解

E. 其他（请填写具体内容）＿＿＿＿＿＿＿＿＿＿

15. 对社会主义核心价值观国家层面四项内容，您赞同吗？请在相应单元格内打钩。

	完全赞同	基本赞同，但有异议	完全不赞同
富强			
民主			
文明			
和谐			

16. 对社会主义核心价值观社会层面四项内容，您赞同吗？请在相应单元格内打钩。

	完全赞同	基本赞同，但有异议	完全不赞同
自由			
平等			
公正			
法治			

17. 您赞同社会主义核心价值观国家、社会层面内容的原因？（多选）

（15、16 题全部选择"完全不赞同"的，跳过此题）

A. 国家政策、社会主流价值观，必须支持

B. 一些媒体宣传的正面新闻增加认同

C. 网上一些评论者给予价值观建设积极的评论

D. 众多个人、团体借助网络传播负面信息，价值观建设势在必行

E. 其他（请填写具体内容）_____

18. 您对社会主义核心价值观国家、社会层面内容无法赞同的原因是？（多选）

（15、16 题全部选择"完全赞同"的，跳过此题）

A. 网友对其批评众多，影响自我判断

B. 网络上负面新闻多，导致个人认为目标过于遥远，难以实现

C. 网络大肆宣传夸耀西方社会，与本国形成对比

D. 网络流传的西方社会价值观，引发对社会主义核心价值观的思考

E. 其他（请填写具体内容）_____

19. 对社会主义核心价值观个人层面内容，您赞同吗？请在相应单元格内打钩。

	完全赞同	基本赞同，但有异议	完全不赞同
爱国			
敬业			
诚信			
友善			

20. 您赞同社会主义核心价值观个人层面内容的原因？（多选）

（19 题全部选择"完全不赞同"的，跳过此题）

A. 网络上宣传道德楷模、最美人物，深受感动

B. 网络上一些言论宣传的西方社会现状优于国内，需要加强本国方面建设

C. 网络上充斥着国内民众品德的一些负面新闻，有必要加强个人道德建设

D. 一些网民素质堪忧，有必要加强价值观建设

E. 其他（请填写具体内容）_____

21. 您对社会主义核心价值观个人层面内容无法赞同的原因是？（多选）

（19 题全部选择"完全赞同"的，跳过此题）

A. 网络上充斥国内民众品德的一些负面新闻，对现实失望

B. 网络上宣传的利己主义、拜金主义等，影响对社会主义核心价值观的认知

C. 网络上宣传的西方人民的美好现状和国内对比，带来人们对西方的向往

D. 网络上批评社会主义核心价值观个人层面内容过于理想的言论，影响自我判断

E. 其他（请填写具体内容）_____

22. 在日常生活中，您有意识地将社会主义核心价值观落实到行动中的程度？

（①—⑤打钩）

_____

（程度小） ①　　②　　③　　④　　⑤（程度大）

23. 您认为阻碍个人落实社会主义核心价值观的因素有哪些？（多选）

A. 网络中部分人给予社会主义核心价值观的评价不高

B. 网络中充斥大量关于落实社会主义核心价值观的负面新闻，建设效果不佳

C. 网络对社会主义核心价值观宣传不到位，导致部分民众理解不到位

D. 落实社会主义核心价值观缺少实用性，不能助力物质追求

E. 其他（请填写具体内容）＿＿＿＿＿＿＿＿＿＿＿

24. 您对社会主义核心价值观的认同具体表现为？（多选）

A. 通过网络参加宣传社会主义核心价值观的活动

B. 通过网络主动宣传社会主义核心价值观

C. 通过网络主动制止有悖社会主义核心价值观的活动

D. 通过网络收集、观看与社会主义核心价值观相关的资料

E. 其他（请填写具体内容）＿＿＿＿＿＿＿＿＿＿＿

25. 在网络环境下，您对提高大学生社会主义核心价值观认同有哪些建议？

＿＿＿＿＿＿＿＿＿＿＿＿＿＿＿＿＿＿＿＿＿＿＿＿＿

此份问卷已填写完毕，感谢您的支持！

后　记

　　本书是我主持的教育部人文社会科学青年基金项目"网络环境条件下社会主义核心价值观认同机制研究"（项目批准号：15YJC710080）的最终成果。在出版时将名称做了修改，定名为《网络空间社会主义核心价值观认同机制建设研究》。本书的出版得到了浙江师范大学马克思主义理论学科的经费支持。

　　社会主义核心价值观是我从硕士研究生时期就关注的主题，至今已有近10年时间，也是我现在所从事学术研究的一个领域。这些年来，围绕这个主题形成了一系列论文，除自己的硕士学位论文——《社会主义核心价值观与我国文化创新研究》之外，还包括《正确认识社会主义核心价值观与先进文化建设的关系》《托起文化自信的三大支柱：社会主义核心价值观、民族精神和时代精神》《超越与镜鉴：世界社会主义运动视野下的社会主义核心价值观建设》《改革开放以来中共探索建设社会主义核心价值观的历程与启示》《关于当前意识形态领导权建设中知识分子工作问题的思考》，等等。这些论文，有的已在核心期刊上发表，有的在学术会议上做过分享并获得了省级学会研讨会的一等奖，有的则作为自己研究资料的一部分保存了下来。

　　随着互联网的兴起和广泛应用，以及学术界关于社会主义核心价值观问题研究的持续推进，网络发展与社会主义核心价值观认同问题成为学术界研究的热点。本书的主题就是在这样的背景下确定的。经过几年的打磨，如今终于出版，也算是对本人及课题组成员的一种安慰。本书内容包含了上述几篇论文的成果，也是本人关于该主题多年研究心得和所主持课题研究成果的集中体现。

本书内容由自己独立写作完成，但在确定研究框架和具体写作内容过程中，课题组成员和相关专家提供了宝贵意见。对此，表示诚挚感谢。也感谢我的学生林晨、冯玲玲、陈鹏金三位同学在问卷设计、调查、访谈和数据整理，以及后续对书稿文字修改、校对方面做出的细致工作。

本书在出版过程中得到了浙江师范大学马克思主义理论学科负责人郑祥福教授的悉心指导。中国社会科学出版社的相关老师也为本书的出版付出了大量心血。在此，一并表示衷心的感谢！

限于学识水平，书中难免有疏漏和不足之处，敬请同行专家、学者和广大读者批评指正。

郑海祥

2019 年 10 月 5 日